U0484550

探路智慧物流

之江实验室 / 编著

中国科学技术出版社
·北　京·

图书在版编目（CIP）数据

探路智慧物流 / 之江实验室编著．—北京：中国科学技术出版社，2022.1

ISBN 978-7-5046-9418-8

Ⅰ．①探… Ⅱ．①之… Ⅲ．①互联网络-应用-物流管理-研究-中国②智能技术-应用-物流管理-研究-中国 Ⅳ．①F259.221-39

中国版本图书馆CIP数据核字（2021）第265536号

策划编辑	申永刚　王　浩
责任编辑	申永刚
封面设计	马筱琨
版式设计	锋尚设计
责任校对	焦　宁
责任印制	李晓霖

出　　版	中国科学技术出版社
发　　行	中国科学技术出版社有限公司发行部
地　　址	北京市海淀区中关村南大街 16 号
邮　　编	100081
发行电话	010-62173865
传　　真	010-62173081
网　　址	http://www.cspbooks.com.cn

开　　本	710mm × 1000mm　1/16
字　　数	163 千字
印　　张	15.25
版　　次	2022 年 1 月第 1 版
印　　次	2022 年 1 月第 1 次印刷
印　　刷	北京盛通印刷股份有限公司
书　　号	ISBN 978-7-5046-9418-8/F · 974
定　　价	99.00 元

EDITORIAL BOARD

主　编： 董　波

副主编： 陈志伟、葛俊、李亚玲、孔祥夫、吕明杰

编写组： 覃缘琪、包芊颖、方圆、黄成凤、王云云

沈洁莹（浙江省经信智慧城市规划研究院）

李培艺（浙江省经信智慧城市规划研究院）

程　红（浙江省物流协会）

柯宇文（浙江省物流协会）

INTRODUCTION

序言

用好海运大数据，促进智能双循环

当今世界正经历百年未有之大变局，国际经济循环格局发生深度调整，新冠肺炎疫情加剧逆全球化趋势。新形势下，党中央提出加快构建双循环新发展格局。而国际海运链系统是高效畅通双循环的关键枢纽。去年新冠疫情发生后，相信大家都切身感受到了国际海运市场发生的巨大变化。我国虽然率先恢复生产并驰援全球，却遭遇了国际海运的困境——多条航线运费已经激增300%以上。这种困境一方面固然受到了疫情带来的国际贸易失衡以及船、港、内陆集疏运系统等各方运力受限的影响；另一方面，我认为，也暴露了目前国际海运的三个系统性问题。

一是传统的海运市场分析手段无法认知当前高频高幅变化的海运

市场环境。疫情初期，海运各方纷纷预测“海运需求将持续下降”并撤出了大量运力。但随着国内疫情的有效遏制，海运需求出现了超预期的恢复与增长。此时，由于货、船、港、关等海运链各方缺乏高效的信息感知与流通，也就无法对海运链货、船、港、箱等要素进行系统、及时的分析、判断与协调。这就导致各方难以有效响应市场环境变化，导致海运运力出现严重不足。这说明彼此分裂的、近视的、局部的信息与调度手段已无法应对高频高幅的供需变化。

二是海运系统调度弹性不足，系统协调不畅。由于海运资源分散在海运链各个主体，海运中间环节多、操作复杂，导致海运链各方至今未建立起高效的深度的资源匹配与调度手段，造成了疫情期间各主体间的协同难度，降低了海运链系统对环境变化的响应速度以及相关资源的利用效率。

三是由于数据孤岛、地域竞争等因素，我国海运的体量优势迄今难以有效整合成数据规模优势。我国海运业在近几年虽然获得了较大的发展，但是在对数据资源的流通、汇聚与利用上依然相对落后。海外企业在海运数据分析方面虽然先进一步，如目前贸易透镜（TradeLens）平台已有近50%的集装箱班轮数据接入；数字集装箱航运协会（DCSA）已发布8项标准，但在近两年的海运危机中依旧一筹莫展，说明中外的信息系统的技术水平均待改革与提升。

因此，在疫情常态化的背景下，国际海运的数字化发展已进入关键机遇期。同时，随着中国整体海运需求上升以及数字科技的飞速发展，中国海运不仅在贸易、制造、物流等方面已是第一需求国，同时也具备运行大数据智能的算力、算法、数据与知识等技术与能力。我们应充分发挥这些优势条件，加快构建海运数字化大数据智能协同体系，提高全球物流效率，构筑海运命运共同体。因此海运各方能够积极携手，共同推进海运链数字基础设施建设，加快国际海运链数据的便捷流通与智能应用。我国正面临引领国际海运数字化转型进程的重要机遇期。

为此，之江实验室在过去的两年时间里，系统梳理了物流业与人工智能技术融合发展的过程与规律，并对物流智慧化的未来提出了颇具针对性的思考和建议。期待这些研究成果能够为物流智慧化的研究与发展带来一些启发。同时我也在此建议相关政企学研各界要联合起来，共同推进人工智能、物联网、云计算等新一代信息技术在海运链各环节的深入应用：

一是加快共建共享海运大数据平台，加强海运数据流通与汇聚。

二是协作开发货、船、港、关等国际海运大数据智能服务算法与系统。综合应用新一代人工智能技术，充分挖掘海运物联网、互联网、数据库等多源数据价值，构建国际海运链大数据智能服务平台。

三是持续加强“海陆空信”四港联动，推进国际海运业大数据智能化转型进程。以“四港联动”为基础，加快汇集、共享海、陆、空、轨等物流数据。加强与海上丝路海运龙头企业、国际货代企业、海运信息系统服务商在数据流通与计算上的共建共享，促进国际海运链的数字化、网络化、智能化升级的新技术、新模式、新业态。

潘云鹤

中国工程院院士

CONTENTS

第一篇

智慧物流前传——新视角、新格局、新技术

第二篇

智慧物流发展——现状、问题、趋势

第三篇

智慧物流未来——热点问题探讨

第一篇

智慧物流前传
——新视角、新格局、新技术

物流是支撑国民经济和社会发展的基础性、先导性和战略性行业，对国家生产和人民生活具有重大的影响和意义。国际物流萌芽于第二次世界大战以前，最早出现于美国，并逐渐用于国际经济交往和运输，随后国际物流经历了规模扩张、技术更迭、管理提质、服务提效等升级过程，伴随着 20 世纪 90 年代高新技术和计算机技术的普及和发展，国际物流的信息化、综合化水平不断提升。1949 年以来，我国物流业经历了计划物流、现代化萌芽、综合化发展、新型化转型等阶段，在不断探索中推进物流技术、物流管理、物流效率的提升。中国物流整体保持着稳定增长的态势，2000 年以来货运总量年均增长 14%，单位成本逐步下降，基础设施逐步完善，技术水平逐步提升。中国物流业发展潜力巨大，未来将形成万亿元级的市场。

“加快构建以国内大循环为主体、国内国际双循环相互促进的新发展格局”是“十四五”规划对我国经济发展路径做出的重大决策，对我国的流通体系和物流发展提出了新要求。中国物流业在抢抓物流市场发展机遇、完善现代流通体系、培育壮大龙头企业方面需加大力度。国家政策利好、新一代物流技术发展、全球竞争、区域发展等为物流信息化、协同化、一体化开创了更多新局面。

数字竞争已经成为各个领域竞争的焦点，抢抓数字机遇、提升数字技术、实现数字应用是实现行业领先的关键，以人工智能、区块链、大数据、云计算等智能技术为代表的数字技术经历了一段时间的发展已经进入较为成熟的阶段，并在逐步走向应用和普及，与数字技术的全面融合或将成为物流行业的一次革命，颠覆性改变物流发展模式，为物流行业带来新的生机和活力。

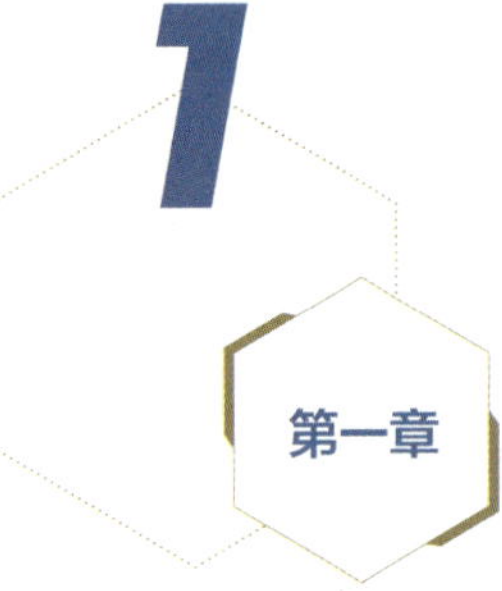

第一章

双循环视角下的物流发展格局

国际物流经历了萌芽期、形成期、增长期、扩展期和信息化高度发展期等五个阶段，并逐步实现了集聚化、专业化和高效化，信息化逐渐成为国际物流发展的主要助力。中国物流经历了计划物流向现代物流的转型，借助数字化手段的物流新模式、新业态、新载体不断涌现，推动物流不断发展。基于中国稳定增长的需求和潜力，中国物流发展未来前景广大，尤其是在智能技术和数字技术的加持下，智能物流市场将会有较大的增长，预计2025年将达到万亿元级规模。

一、国际物流历史进程和发展趋势

（一）演进历程：经济交往带动物流国际化

第二次世界大战以前：国际物流萌芽期。1935年，美国销售协会最早对物流进行了定义：物流是包含于销售之中的物质资料和服务，是从生产地到消费地流动过程中伴随的种种活动。这一阶段国际经济交往已经较为频繁，国际物流运输已经出现，但是无论从数量来讲还是从质量要求来讲，国际运输并未达到重要地位，国际物流尚处于萌芽期。

第二次世界大战—20世纪60年代：大规模物流形成期。第二次世界大战中，美国军队围绕战争供应建立了“后勤”理论，将战时物资生产、运输、配给等活动作为一个整体进行统一布置，以达到战略物资补给的费用低、速度快等要求，这是物流在军事领域的大规模应用。第二次世界大战以后，国际经济交往逐步扩展，大规模物流开始涌现，系统物流开始出现。同时，大型物流运输工具开始出现，如20万吨的油轮、10万吨的矿石船等。

20世纪60年代—80年代：物流技术应用增长期。这一阶段，企业为了追求利润而将竞争焦点放到降低生产成本、提升产品质量上，企业管理者将物流概念引入生产领域，开始注重生产领域内的物流业发展。物流设施和物流技术得到较大发展，配送中心开始建设，广泛运用电子计算机进行管理，立体无人仓库、物流标准化体系开始应用；国际集装箱及国际集装箱船实现大发展，提升了标准化运输的物流水平；“精细物流”逐步发展，物流的机械化、自动化水平提高；国际联运式物流出现，电子数据交换（EDI）系统推出，使物流向更低成本、高服务、大量化、精细化的方向发展。

20世纪80年代—90年代：物流国际化扩展期。随着经济技术的发展和国际经济往来的扩大，物流国际化趋势开始成为世界性的共同问题。这一时期，如何降低物流系统的成本，提高效益与服务质量成为竞争的新焦点，物流管理因此产生，并且物流战略被视为获得市场优势的主要战略。日本以贸易立国，采取了建立物流信息网络、加强物流质量管理等一系列措施，提高物流国际化的效率。这一阶段物流国际化的趋势局限在美国、日本和欧洲一些发达国家。

20世纪90年代至今：物流信息化高度发展期。这一阶段国际物流的概念和重要性已为各国政府和外贸部门所普遍接受，贸易伙伴遍布全球，必然要求物流国际化，即物流设施国际化、物流技术国际化、物流服务国际化、货物运输国际化、包装国际化和流通加工国际化等。随着高新技术的发展和计算机信息网络的普及，传统物流业开始向现代物流业转变，单一的物流运输向综合物流发展。

（二）发展趋势：动态、集聚、专业、高效的国际物流

贸易竞争带动全球物流体系重心转移。国际贸易是推动要素流动和国际交流的重要手段，80%的国际贸易由海运支撑，据联合国贸易和发展会议统计，全球55%以上的海运货运量在发展中国家的港口进行装卸，贸易格局的变化带动全球物流体系发展重心向发展中经济体转移（见图1.1）。

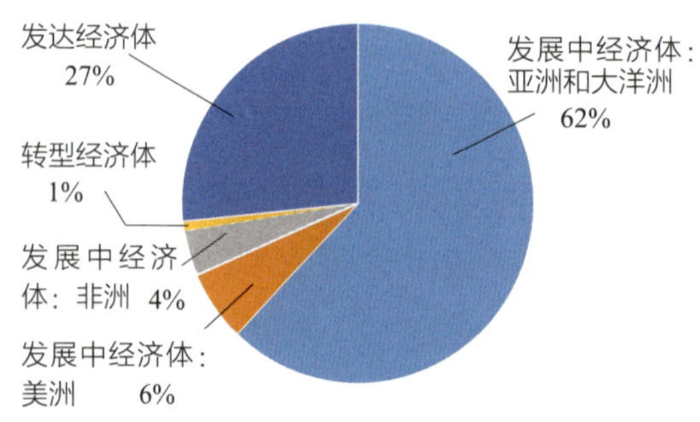

图1.1 2019年按经济体分列的集装箱港口运输量情况

数据来源：联合国贸发会议《2020年统计手册》

市场竞争带动全球企业规模化集聚化发展。龙头型公司占据全球物流主要市场。2019年全球前50家物流企业总营业收入达3 458亿美元，同比增加2.1%，亚马逊以537.6亿美元（同比增长25.8%、占前50强15.55%）的营业收入成功登上榜首，亚马逊提供的B2C物流服务占全球12%（见图1.2）。2019年全球前十航运公司标准箱（TEU）占比为世界容量的83.5%，其中马士基航运公司作为榜首企业（见图1.3），标准箱容量占全球的17.8%，马士基航运公司在135个国家设有办事处，员工超过8.8万人，服务网络遍布全球。全球前十集装箱船公司的市场份额从2014年的68%上升到2019年的90%，在全球三条主要东西贸易航线上，前十大公司的投运运力从2014年的5 500万标准箱增长到2019年的9 600万标准箱，并购整合成为主要竞争手段。2018年全球运输与物流业共披露219起并购案例，涉及交易总金额达1 153亿美

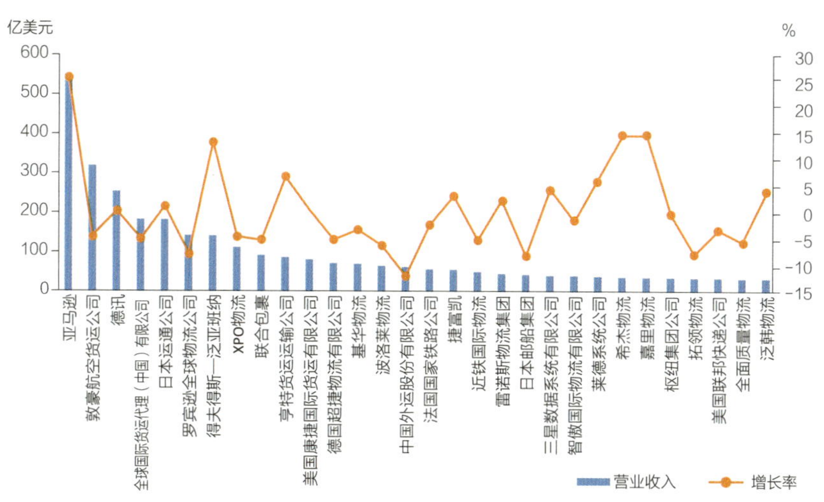

图1.2　2019年全球30强物流企业营业收入和增长情况

数据来源：SJ咨询集团《全球50强物流公司2019》

元，而中国企业参与的并购交易数量达81起（占全球并购交易数量的37%），交易金额326亿美元（见图1.4）。联合包裹（UPS）上市之后并购超过 40 家大型公司，业务领域涉及货运、航运、零售、商业服务等，通过并购逐步扩大其业务版图。联邦快递（FedEx）前后完成超20项重量级并购交易，强化其在快递、小包、零担货运、物流、零售电商运输及相关业务领域的领先地位，业务范围逐渐遍布全球。

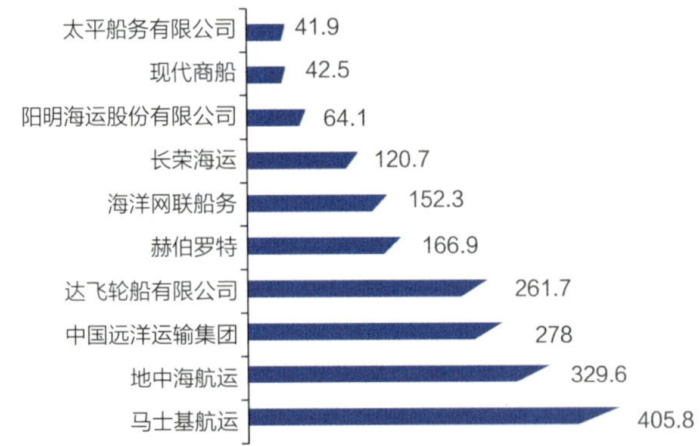

图1.3　2019年全球集装箱班轮公司运力前10名（单位：万标准箱）

数据来源：作者根据互联网数据整理

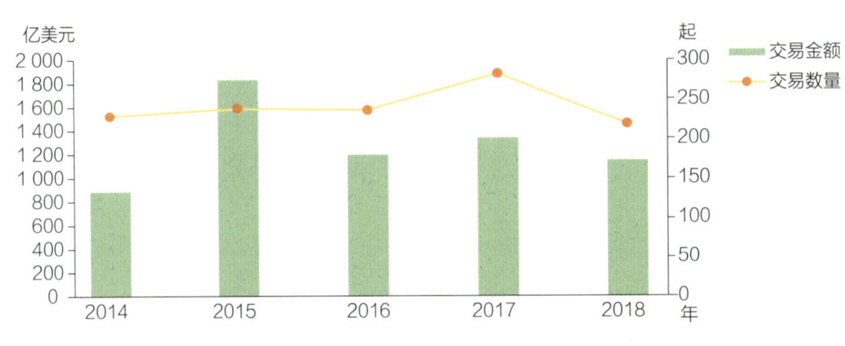

图1.4　2014—2018年全球运输与物流业并购情况

数据来源：作者根据互联网数据整理

业务竞争带动物流企业从传统货物运输向为细分行业提供物流专业解决方案转变。联合包裹提供包括汽车、卫生保健、高科技、工业制造业与配送、零售在内行业的物流解决方案。敦豪快递（DHL）制定的物流解决方案涉及航天、汽车、化学、消费品、时尚、生命科学与保健产业、工程与制造、可再生能源、科技物流等多个行业。物流时效是重要竞争指标之一。敦豪快递、联邦快递和联合包裹三大物流巨头从美国到中国的平均时效在一周左右，联邦快递甚至在中国推出隔夜达快递服务（见表1.1）。冷链物流等专项物流不断发展。中国冷链物流市场以每年17%左右的速度增长，食品制造、零售、批发商三类客户目前占据冷链物流需求前三位，生鲜电商、便利店、餐饮企业等类客户均具有较大的增长潜力，其中新零售线下门店生鲜物流输送系统技术装备增长最快。海南正在谋划推进海南国际冷链物流枢纽建设，京东物流与中国国际货运航空有限公司（国货航）共建全球“领鲜”冷链物流体系。

表 1.1　2020 年 5 月美国到中国的物流包裹平均时效

快递公司	数量（万件）			时效（天）			妥投数量（万件）		
	发件	妥投	异常	最快	最慢	平均	<30 天	30 至 60 天	>60 天
美国邮政（USPS）	11 095	3 883	125	3	42	15	3 801	82	0
敦豪快递	963	329	31	3	30	7	329	0	0
联邦快递	599	219	10	3	34	8	218	1	0
联合包裹	377	112	45	3	25	7	112	0	0

数据来源：17TRACK[1]跨境物流大数据

[1] 17TRACK是一家集全球物流快递包裹为一体的查询平台。

市场需求带动全球物流设施和设备水平不断提高。物流设施吞吐能力和服务能力逐步提高。全球港口集装箱吞吐量增至8亿标准箱，全球前十大机场货邮吞吐量达到2 863万吨（见图1.5）。2019年主要港口货物吞吐量40亿吨，宁波舟山港货物吞吐量超过10.8亿吨，约占主要港口货物吞吐量的四分之一（见图1.6）。对物流设施的满意度逐步提高，根据《世界银行物流绩效指数报告》，受访者普遍认为贸易和运输基础设施有所改善，尤其是对港口基础设施的满意度越来越高。物流设备自动化水平不断提高（见表1.2）。自动导引车（AGV）、高架叉车、货架穿梭车、智能物流分拣设备、自动化立体仓库、码

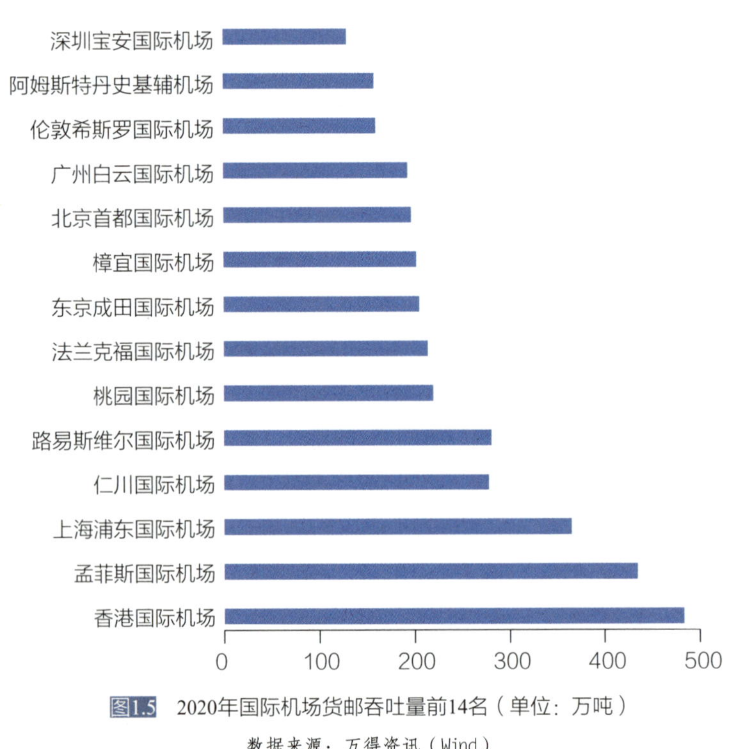

图1.5　2020年国际机场货邮吞吐量前14名（单位：万吨）

数据来源：万得资讯（Wind）

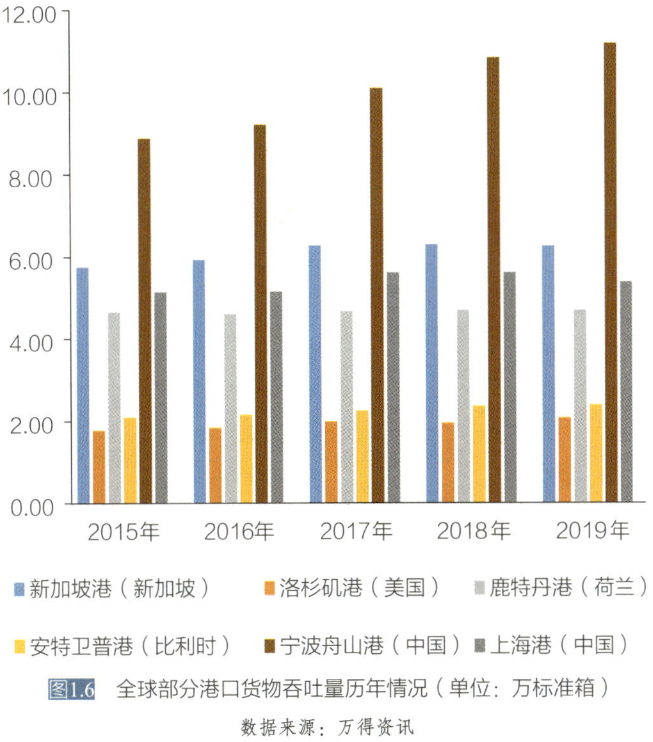

图1.6 全球部分港口货物吞吐量历年情况（单位：万标准箱）

数据来源：万得资讯

（拆）垛机器人、高速高精度堆垛机、四向托盘、输送机等智能仓内设备和无人货车、自动驾驶船、物流配送无人机、冷链车、自动化码头等智能运输设备正在逐步应用到各大物流应用场景。多式联运物流应用广泛。借助机器学习、大数据、物联网等多种前沿技术，多式联运市场正在逐步打开。欧洲多式联运总量在2007年到2015年间增长近670亿吨千米，增幅近1倍，据有关部门预测多式联运总量将在2030年达到3 060亿吨千米。2017年美国多式联运货运量占社会货运量10%，海铁联运比例达到40%。

表 1.2　全球十大智能物流自动化装备领域企业

序号	企业	国家	定位	代表产品	应用领域
1	大福	日本	世界较大的物流系统综合制造厂家	大福箱盒式自动仓库	自动洗车机、保龄球、社会福利及环保设施的制造、销售等
2	胜斐迩	德国	全球领先的内部物流产品和系统解决方案供应商之一	一站式物流仓储系统，胜斐迩多层穿梭车	物流系统，仓储和运输，工作站，物流软件，废物管理技术
3	科纳普	奥地利	全球领先的自动化物流系统解决方案供应商之一	科纳普穿梭系统	应用于博姿、雅芳、爱马仕、沃尔玛等知名企业
4	瑞仕格	瑞士	全球领先的自动化解决方案供应商之一	立体仓库及自动化配送物流系统	食品饮料、医药、零售及电子商务、烟草、银行、机械制造等
5	德马泰克	德国	全球领先的自动化物流系统和解决方案企业提供商之一	堆垛机、输送机、分拣机，自动物料输送	电商、服装、食品饮料、快递包裹、第三方仓储、烟草、医药、金融及制造等行业
6	永恒力	德国	全球领先的工业车辆、仓储技术以及物流技术、物流仓储运搬设备的供应商之一	永恒力自动托盘搬运系统（APM）舵柄控制堆垛车	工业领域
7	林德	德国	全球领先的叉车设备及内部物流系统解决方案的集成供应商之一	全系列的平衡重及仓储等叉车，林德百变物流车	货物搬运

（续表）

序号	企业	国家	定位	代表产品	应用领域
8	特格威	奥地利	全球领先的物流系统集成商和设备供应商之一	高性能多层穿梭车	医药、零售、制造业、电子商务等
9	英特诺	瑞士	全球领先的物料输送解决方案供应商之一	英特诺交叉带式分拣机	快递、邮政服务、电子商务、汽车行业及其他制造业
10	库卡	德国	世界上领先的工业机器人制造商之一	库卡机器人	物料搬运、加工、堆垛、点焊和弧焊行业

数据来源：作者根据互联网数据整理

二、中国物流发展历程、现状和未来展望[1]

（一）推进历程：持续转型的中国物流

1949—1978年：**计划物流时代**。所有物资按政府计划分配流动，按时按量根据各地计划需求运输。以货车、火车和货船为主要运输工具，物流信息以五联单据记录，主要计算工具为算盘，以及早期计算机。

---

[1] 本书关于中国物流发展史相关内容和数据统计，不含香港特别行政区、澳门特别行政区和台湾地区的资料或数据。——编者注

1978—2001年：**物流现代化萌芽期。**1978年以后，我国实行“搞活企业、搞活流通、培育市场”的一系列改革，逐步确立社会主义市场经济体系，扩大物流外包，改善物流管理，外资物流进入带来先进物流技术和模式，民营物流企业开始大量地涌现并加速成长，国有物流企业向现代物流企业转型发展。物流新模式涌现，末端配送中心出现，专业化的第三方物流配送诞生。物流技术逐步发展，多层仓库和立体仓库、电力叉车、堆垛机、传送带等设施和工具，仓储管理系统（WMS）、运输管理系统（TMS）、条码技术、全球定位系统（GPS）以及无线射频识别（RFID）等先进技术快速应用。

2001—2012年：**物流综合化发展期。**2001年，国家经济贸易委员会等六部委联合印发我国物流领域的第一个专题文件《关于加快我国现代物流发展的若干意见》，现代物流受到高度重视。随着淘宝、京东等电商平台出现，电商物流快速发展，顺丰、“四通一达”等快递企业纷纷成立。自动化作业、电子面单、自动化立体仓库、保税园区等新的物流作业形式和设施投入应用，供应链管理和供应链金融推动单纯物流运输向产品资源整合供应转变。

2012年至今：**物流新型化转型期。**2014年，国务院发布《物流业发展中长期规划（2014—2020年）》，把物流业的产业地位提升到基础性、战略性高度，“互联网+”高效物流列入“互联网+”重点行动之一。物联网、大数据、云计算、人工智能等在物流领域广泛应用，无人仓、无人车、无人机、物流机器人、云仓等先进设施工具诞生，无车承运、挂车承运为物流发展新模式打开局面，物联网、区块链等前瞻技术在物流领域逐步渗透。京东物流的全流程无人仓已规模化投入使用，顺丰大型无人机基于业务场景的首次载货飞行已取得成功，菜鸟网络将在雄安新区建设“智慧物流未来中心”，圆通速递获批筹建物流信息互通共享技术及应用国家工程实验室。

（二）发展现状：稳定增长的需求和潜力

物流产业作为基础行业整体发展较为稳定。2018年中国货运总量超过500亿吨，是2000年的4倍，年均增长率为14%。中国仓储指数和物流景气指数整体处于50%分界线之上，虽然在2020年2月由于疫情期间停工停产存在较大波动，但在复工复产后迅速恢复至50%以上，整体发展较为稳定。见图1.7。

物流相关基础设施逐步完善。2020年物流用铁路里程达到14.6万千米，物流用公路里程达到519.81万千米，物流用内河航道里程达

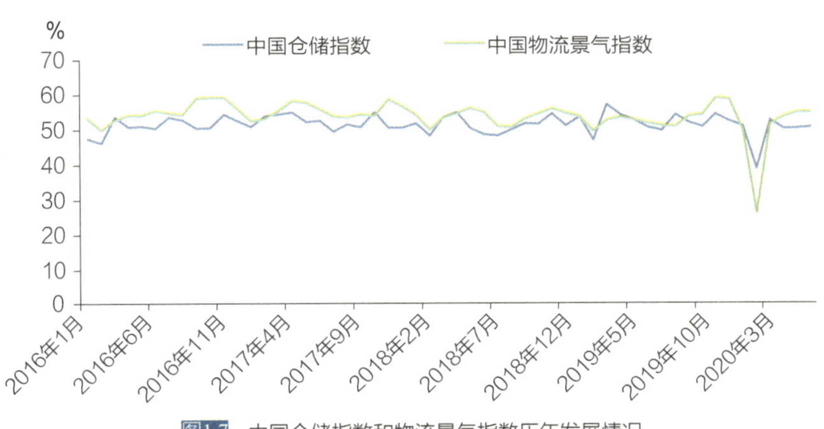

图1.7 中国仓储指数和物流景气指数历年发展情况

资料来源：万得资讯

到12.77万千米，分别是1991年的2.52倍、4.99倍、1.16倍（见图1.8）。2020年物流用民用货运汽车拥有量1 110万辆，物流用民用运输船舶拥有量12.68万艘，物流用铁路货车拥有量达到91.2万辆，铁路货车拥有量增长较快（见图1.9）。仓储面积使用效率提高，平房库的面积逐渐

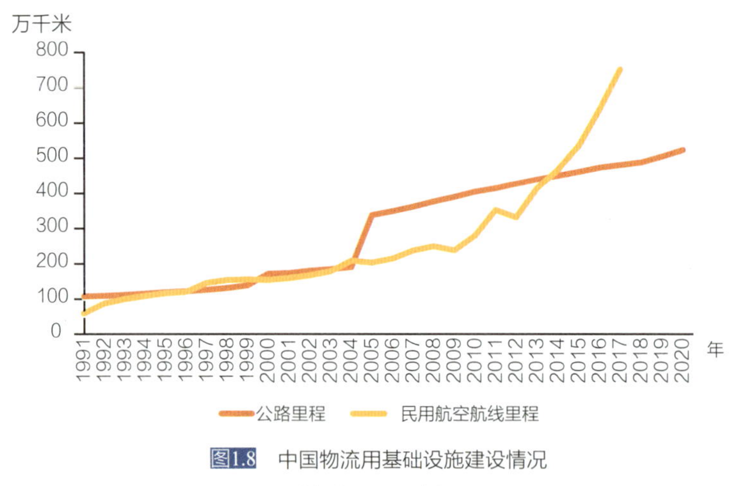

图1.8　中国物流用基础设施建设情况

数据来源：万得资讯

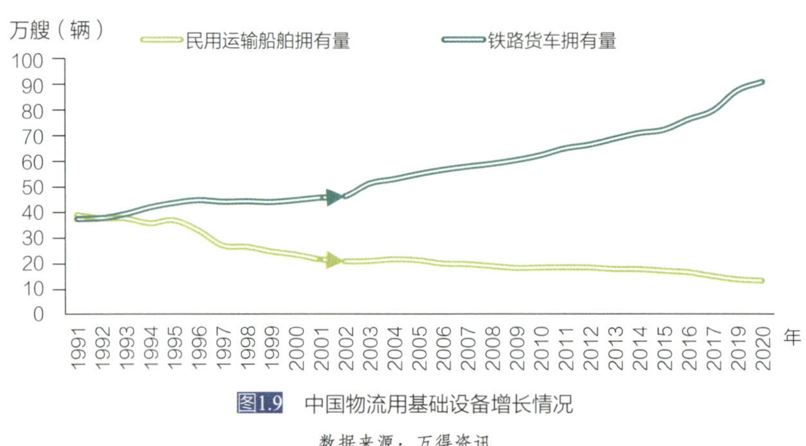

图1.9　中国物流用基础设备增长情况

数据来源：万得资讯

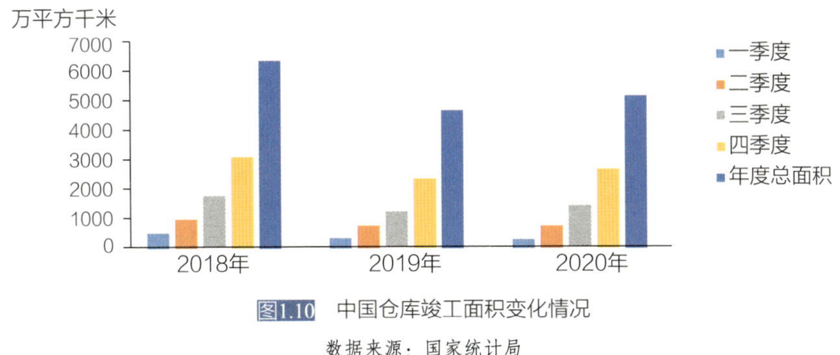

图1.10 中国仓库竣工面积变化情况

数据来源：国家统计局

减少，立体库和楼房库成为仓储的主流库型（见图1.10）。

各行业对智能物流需求快速增长。商贸流通、电子商务、快递行业等物流装备密切相关行业的增长速度均高于国民经济增长速度，处于快速发展态势。2018年中国电子商务物流对物流技术装备的市场需求增长率在36%以上，制造业对物流技术装备的市场需求增长率在18%以上。2018年我国物流系统集成领域市场销售额增长率在27%左右，截至2018年年底，我国自动化立体库保有量超过5 000座，立体库建设超过800座。2018年我国各类物流机器人销售量在2万台以上。

（三）未来展望：万亿元级的市场

1．物流市场整体预测：万亿元级智能物流市场

（1）社会物流总额。由于疫情影响，中国2020年国内生产总值（GDP）增长率2.3%，随着复工复产和后续经济社会扶持力度加大，未来国内生产总值增长将逐渐恢复正常，2020年中国社会物流总额达到

300万亿元，工业品物流总额达到270万亿元。根据社会物流总额和国内生产总值弹性系数，按照5%、6%、7%低中高三个国内生产总值增长率方案预测，2025年中国社会物流总额将达到440万亿元至500万亿元，工业品物流总额将达到380万亿元至400万亿元（见图1.11）。

注：E表示预计。

图1.11 中国社会物流总额和工业品物流总额历年情况及预测（按6%增长率）

（2）**物流总收入**。2020年中国物流总收入为10.5万亿元。根据物流总收入和国内生产总值弹性系数，按照5%、6%、7%低中高三个国内生产总值增长率方案预测，2025年中国物流总收入将达到13万亿元至15万亿元（见图1.12）。

（3）**第三方物流市场**。2019年，中国网上零售额10.6万亿元，同比增长16.5%；实物商品网上零售额8.5万亿元，同比增长19.5%。电商的蓬勃发展对第三方物流需求增长显著。2009—2018年中国第三方物流收入的年均增长率达到16.2%，根据全球第三方物流市场增长趋势，预测2025年中国第三方物流收入将超过3 000亿美元，将达到全球第三方物流市场规模的四分之一（见图1.13）。

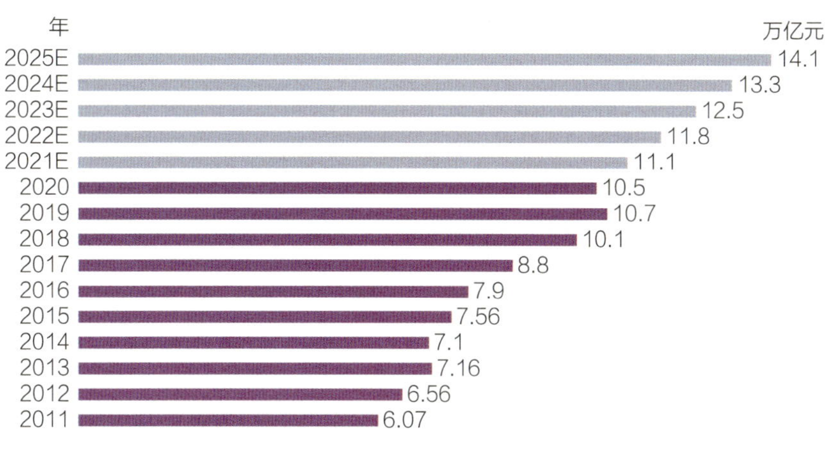

注：E表示预计。

图1.12 中国物流总收入历年情况及预测（按6%增长率）

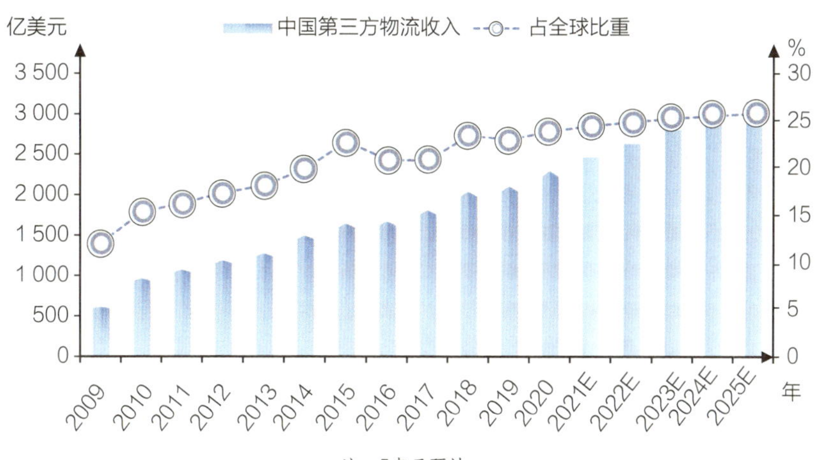

注：E表示预计。

图1.13 中国第三方物流收入及占全球第三方物流比重历年情况及预测（按6%增长率）

（4）**物流一体化智能服务市场**。利用大数据和信息技术为物流客户提供专业化、定制化的高质量物流服务，满足客户对数据查询、需求预测、技术支撑和流程服务方面的专项需求。第四方物流增值服务逐步发展，通过对物流企业管理和技术等资源的优化整合，对物流流程的优化再造，为客户提供一站式供应链解决方案。根据物流企业一体化物流收入占比（约10%）和智能物流市场发展趋势，2025年物流一体化智能服务市场将超过1 200亿元。

（5）智能物流市场总体预测。根据物流总收入和国内生产总值弹性系数，按照5%、6%、7%低中高三个国内生产总值增长率方案预测，2025年中国智能物流市场将达到1万亿元至1.3万亿元，智能物流市场规模占物流总费用的比重约为5%（见图1.14）。

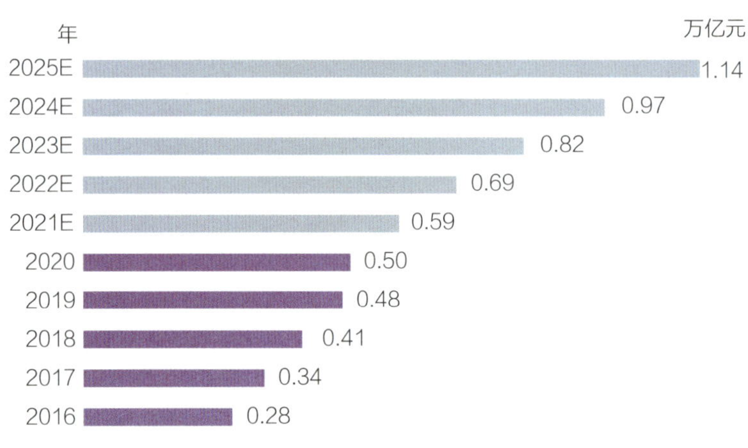

图1.14 中国智能物流市场历年情况及预测

中国智能物流市场到2025年预计将达到万亿元级，其中，物流一体化智能服务市场将超过1 200亿元，物流运输、仓储和配送等环节智能物流市场将超过7 000亿元（见图1.15）。

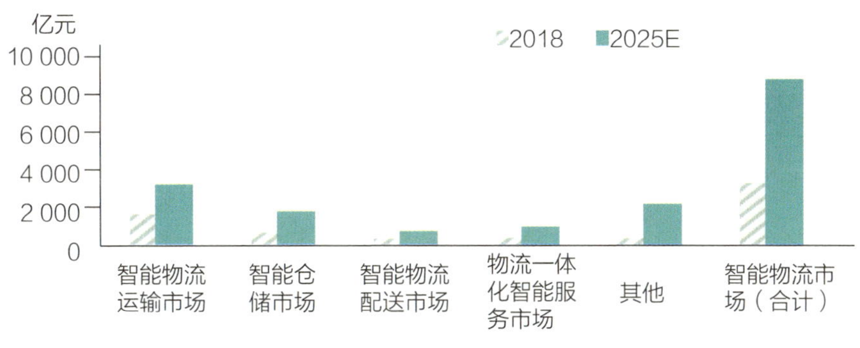

注：E表示预计。

图1.15 中国万亿元级智能物流市场情况及预测

2．货物流通端：千亿元级智能运输和仓配市场

（1）物流运输市场。中国物流市场发展较为迅速，2020年全国货运总量为463亿吨，达到1979年货运量的8.6倍，1979—2020年货运年均增长率为5.4%。从货运量占比来看，2020年铁路、公路、水运和航空四种方式占比分别为9.6%、73.9%、16.4和0.01%。根据2020年货运量和国内生产总值发展情况预测，2025年货运量将超过540亿吨（见图1.16），物流运输费用预计超过8万亿元，按照智能物流运输市场占运输物流费用5%的规模，预计2025年智能物流运输市场将达到4 000亿元。从海运物流市场来看，2019年全球货运量110亿吨，中国海洋货运量超过30亿吨，宁波舟山港货物吞吐量超过10.8亿吨。预计2025年全球货运量将达到140亿吨，中国货运量将达到40亿吨，宁波舟山港货物吞吐量将达到14亿吨。

（2）智能仓储市场。2019年智能仓储市场规模856.5亿元，2016—2019年年均增长率11%，预计2025年智能仓储市场超过1 600亿元（见图1.17）。

（3）智能物流配送市场。智能物流配送主要应用于“最后一千

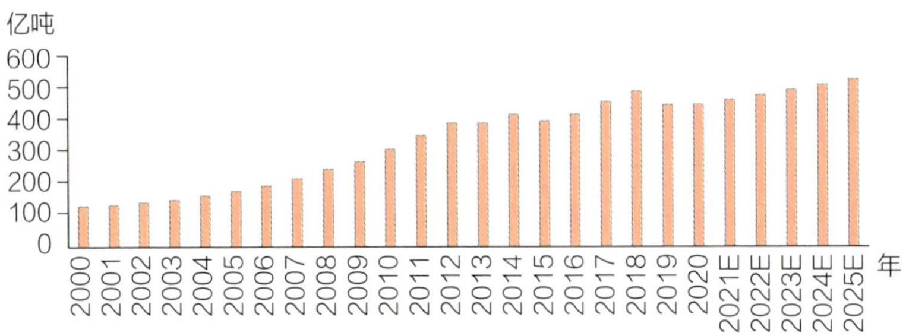

注：E表示预计。

图1.16 中国货运量历年情况及预测

数据来源：万得资讯

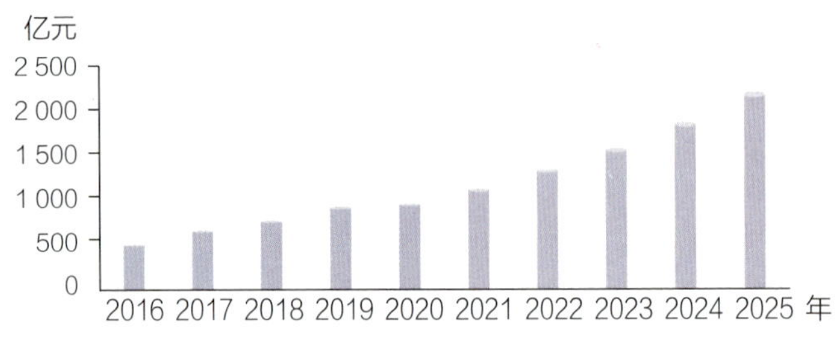

注：E表示预计。

图1.17 智能仓储市场预测

数据来源：中研普华研究报告《2020—2025年中国智能仓储行业深度调研与投资前景预测报告》

米”的配送市场，“物流+O2O[1]平台”、配送机器人、智能快递无人车等是配送主要载体。根据快递企业物流配送收入和物流智能市场发展情况预测，到2025年物流智能配送市场预计超过900亿元（见图1.18）。智能快递柜是末端配送的主要方式之一，截至2019年年底，全国智能快递柜市场规模达160亿元，是2016年的4倍，预计到2025年市场规模将超过550亿元（见图1.19）。

[1] O2O（Online to Office），意为线上与线下。

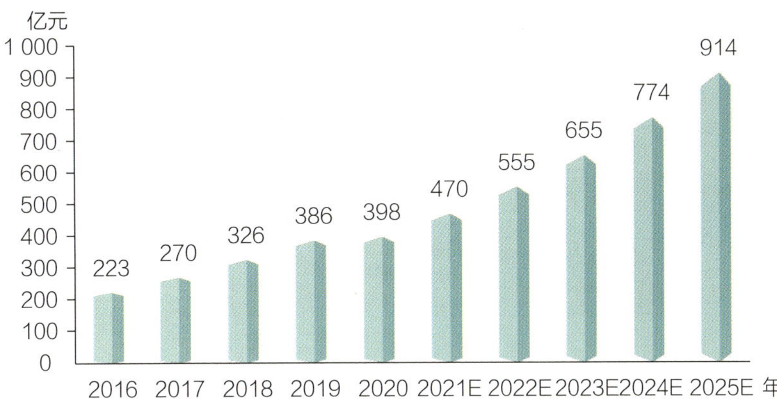

注：E表示预计。

图1.18 中国物流智能配送市场历年情况及预测

数据来源：万得资讯

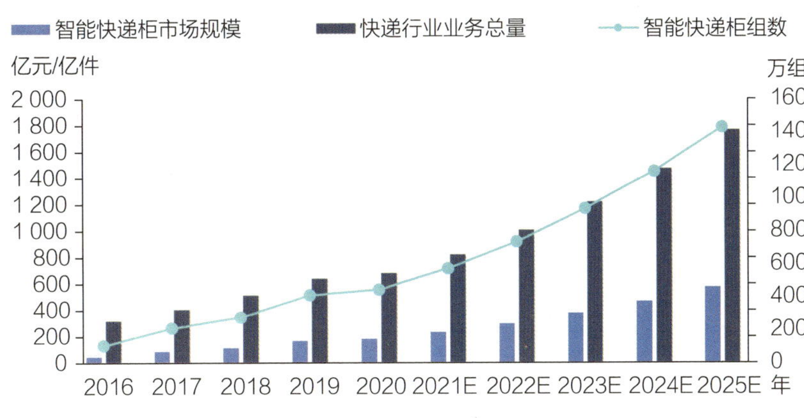

注：E表示预计。

图1.19 中国智能快递柜市场规模历年情况及预测

数据来源：国家邮政局

3．技术集成端：千亿元级智能物流装备市场

工业4.0时代，智能物流作为核心组成部分正在酝酿新一轮的爆发增长。2015年年底开始，国内快递公司陆续加大投资，累计投入数十

亿元用于智能物流设备购置，自动化立体库、输送分拣系统、物流机器人系统、自动识别与感知系统等先进的物流装备与技术快速成长。智能物流装备和系统集成广泛应用于烟草、医药、汽车、电商、快递、冷链、工程机械等行业，需求增长迅速，2020 年智能物流系统集成市场规模突破1 000亿元，2025年有望达到2 500亿元，年均增长率约17%（见图1.20）。

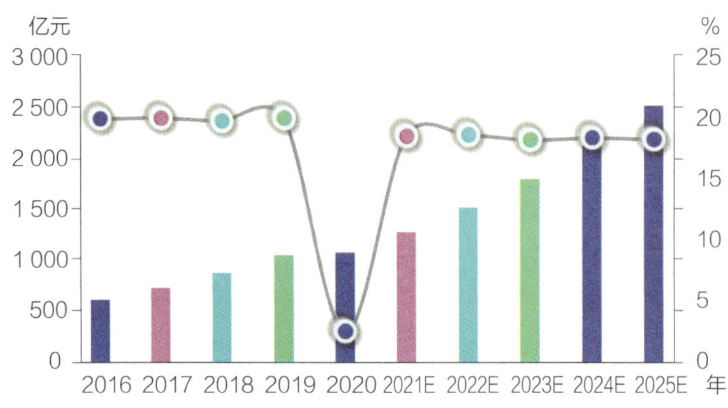

注：E表示预计。

图1.20　中国智能物流装备和系统集成市场和年增长率历年情况及预测

数据来源：中国物流协会信息中心

第二章

新格局下物流发展的新任务新要求

当前新发展格局下物流发展面临新要求和新机遇，尤其是在国际国内双循环发展背景下，借助国家利好政策，抢抓物流市场增长机遇，凭借新一轮科技革命带动物流技术发展，构建完善和高效的物流发展体系，推动中国在国际物流中取得重要地位。其中，由于航运在国际物流中的关键地位，且智能化是提升航运发展的重要手段，智能航运已经成为国际物流发展的新焦点，尤其是在智能航运平台和智能港口建设方面各国已经取得了较大的发展。浙江省乃至整个长三角在港航发展方面也已经奠定了良好的基础，浙江省作为高水平交通强省，为智能物流和智能港航创造了良好的市场和政策环境，长三角协同一体化推动了港航资源的整合、航运流程一体化和跨境零售新网络建设。

一、构建“双循环”新格局对现代物流提出新要求

国家“十四五”规划提出要“加快构建以国内大循环为主体、国内国际双循环相互促进的新发展格局”。习近平总书记在中央财经委员会第八次会议中指出“经济强国必定是海洋强国、航运强国”，顺应构建

"双循环"新格局对我国现代物流发展提出了新的要求和指示。

（一）抢抓中国物流市场增长机遇期

中国已经成为全球物流大国，2018年中国铁路、公路、水运和航空货运总量超过500亿吨，是欧盟货运总量的13倍；中国港口集装箱吞吐量超过2.2亿标准箱，占全球集装箱运输的28.5%，位居全球第一；中国航空运输货运周转量达到262.5亿吨千米，占全球航运货物周转量的11%，位居全球第二（见图2.1）；中国铁路货物周转量达到2.2万亿吨千米，位居全球第二（见图2.2）。中国第三方物流市场超过2 000亿美元，占全球第三方物流收入的23%，基本等同于一个欧洲市场，未来中国市场将成为第三方物流的重要增长市场（见图2.3）。新时期需牢牢把握中国物流货运和市场增长的机遇期，在国际物流市场上占据主动权和话语权，推动中国物流做大做强。

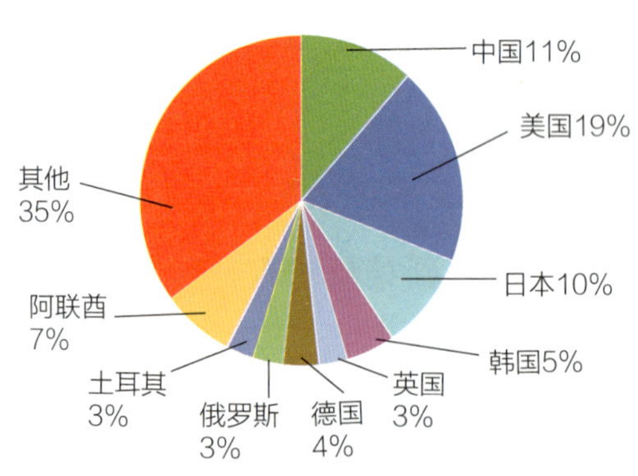

图2.1 2018年各国航空货物周转量占比

数据来源：万得资讯

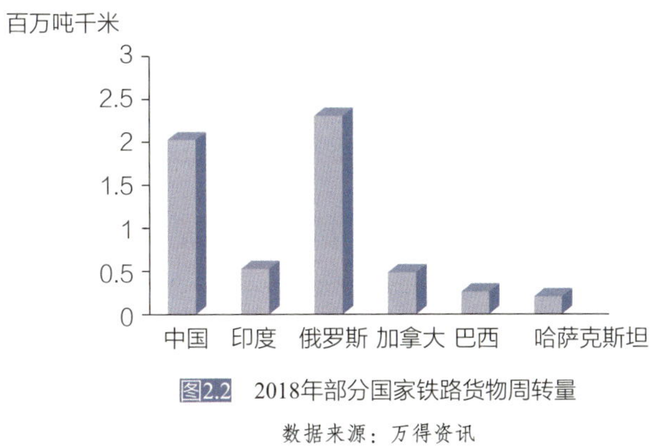

图2.2 2018年部分国家铁路货物周转量

数据来源：万得资讯

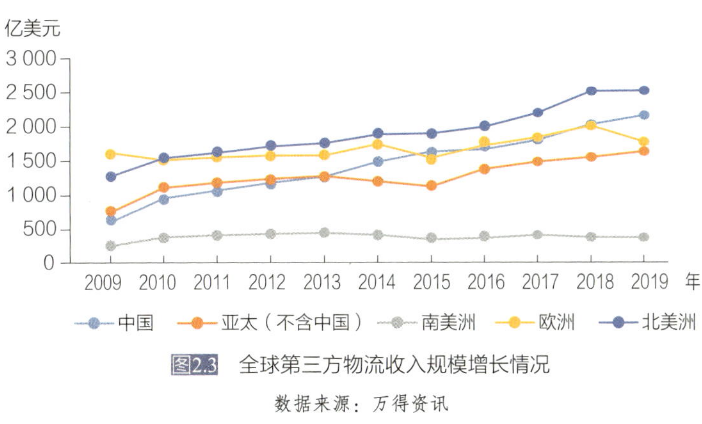

图2.3 全球第三方物流收入规模增长情况

数据来源：万得资讯

（二）全面构建完善的现代流通新体系

如今，数字信息技术打破了时空限制，实现物流资源、物流设施、物流信息在全球范围的流动和配置，实现了商流、物流、资金流和信息流的协调通畅，满足了全球消费者的需求，推动了打造全球一体化物流发展格局。亚马逊、联合包裹、天地快递（TNT）等在全球范围内推进物流设施布点和布网，菜鸟快递加快构建世界电子贸易平台（eWTP），货拉拉正在推动与东南亚地区的互联网物流公司合作，物流全球化步伐已深入推进。完善国际国内双循环物流网络，需要统筹推进国际流通领域标准和规则制定、加快现代流通体系软硬件建设、发展流通新业态、新模式等新任务。标准体系和规则制定是物流统筹发展的战略需求。统一的物流标准体系能够保障流通体系的统一部署和有效衔接，在国际上掌握物流发展话语权和主动权，对于夯实物流基础、发展国际物流具有重要作用。软硬件提升是物流流通体系和运营系统构建的技术需求。物流软硬件建设是改善物流效率和物流服务质量最直接、最快捷、最基本的手段。新业态、新模式创新是顺应物流消费和体验发展的市场需求。物流新业态、新模式创新是顺应社会经济发展新方向的重要支撑，尤其在应对新冠疫情等社会突发事件方面具有重要的意义。同时多元化的发展需求成为市场主流，满足个性化、定制化物流需求是占据市场、提升服务体验的有效手段。

全球化的物流布局

一是亚马逊智能物流设施网络的全球布局。在物流体系及相关仓储、飞机租赁等总计投入600亿美元，全球建有1100个物流设施，占地面积约2 434万平方米，在全美拥有近500个物流设施，总面积约1 607万平方米。二是菜鸟物流枢纽协同的全球布局。通过公私对话，孵化数字时代的全球贸易新规则，共建数字化的行业基础设施，帮助全球中小企业参与全球贸易。三是京东供应链物流的全球布局。与沃尔玛和日本电商巨头乐天搭建起跨境双通网络，为中国商家提供“一仓发全球”的一站式出口服务，京东物流也将行业领先的仓储物流管理系统——WM5.0输出海外，在泰国进行了本地化的开发与升级，最终形成更适配于泰国仓储物流环境的系统。

二、利好政策带来现代物流发展新机遇

（一）国际政策

国际政策历来重视物流发展，对物流系统、物流科技和物流人才等支持力度较大。一是注重物流在国家发展中的战略地位。日本确立海运立国战略，把航运作为本国经济发展的生命线；新加坡确立“智慧国家”战略，并在其中提出智慧物流发展方向。二是注重物流一体化系统发展。欧盟组织建设欧洲统一的铁路体系，实现铁路信号等运输关键系统的共用，规划建设空运联合协调中心，负责协调空中组织运输、紧急事件处理、空中加油机、重要物资运输等。三是注重物流科技发展。美国出台《美国运输科技发展战略》，旨在建立一个运输范围通达全球、运输方式彼此协调的运输系统。新加坡出台物流业的科技发展纲领，以

建设公共电子走廊为目标，建成“港口网络”“贸易网络”等公共电子平台。四是注重物流技术人才的培养。美国十分重视对物流人才的培养，建立了包括研究生、本科生、职业教育等多层次的物流专业教育体系，包括仓储工程师、配送工程师的职业资格认证制度，所有物流从业人员必须经过考试获得资格证书才可从事相关工作。

（二）国内政策

我国近年来加速出台智能物流相关政策。一是完善物流数字化基础设施布局，《国家物流枢纽布局和建设规划》提出打造绿色智慧型国家物流枢纽；《关于推动物流高质量发展促进形成强大国内市场的意见》强调实施物流智能化改造行动，推进货、车（船及飞机）、场等物流要素数字化。二是加大对物流高端智能装备制造的支持，国务院《中国制造2025》中提出要加快人机智能交互、工业机器人、智能物流管理、增材制造等技术和装备在生产过程中的应用；《关于进一步降低物流成本实施意见的通知》中提出要推进新兴技术和智能化设备应用，提高仓储、运输、分拨配送等物流环节的自动化、智慧化水平。《物流业发展中长期发展规划（2014—2020年）》中提出要加快关键技术装备的研发应用。三是加大鼓励创新物流新模式、新业态，《数字交通发展规划纲要》提出要大力发展“互联网+”高效物流新模式、新业态，推进铁路、公路、水路等货运单证电子化和共享互认，提供全程可监测、可追溯的“一站式”物流服务。《“互联网+”高效物流实施意见》鼓励建设物流配送云服务平台做好供应商、配送车辆、网点、用户等各环节信息的精准对接（见图2.4）。

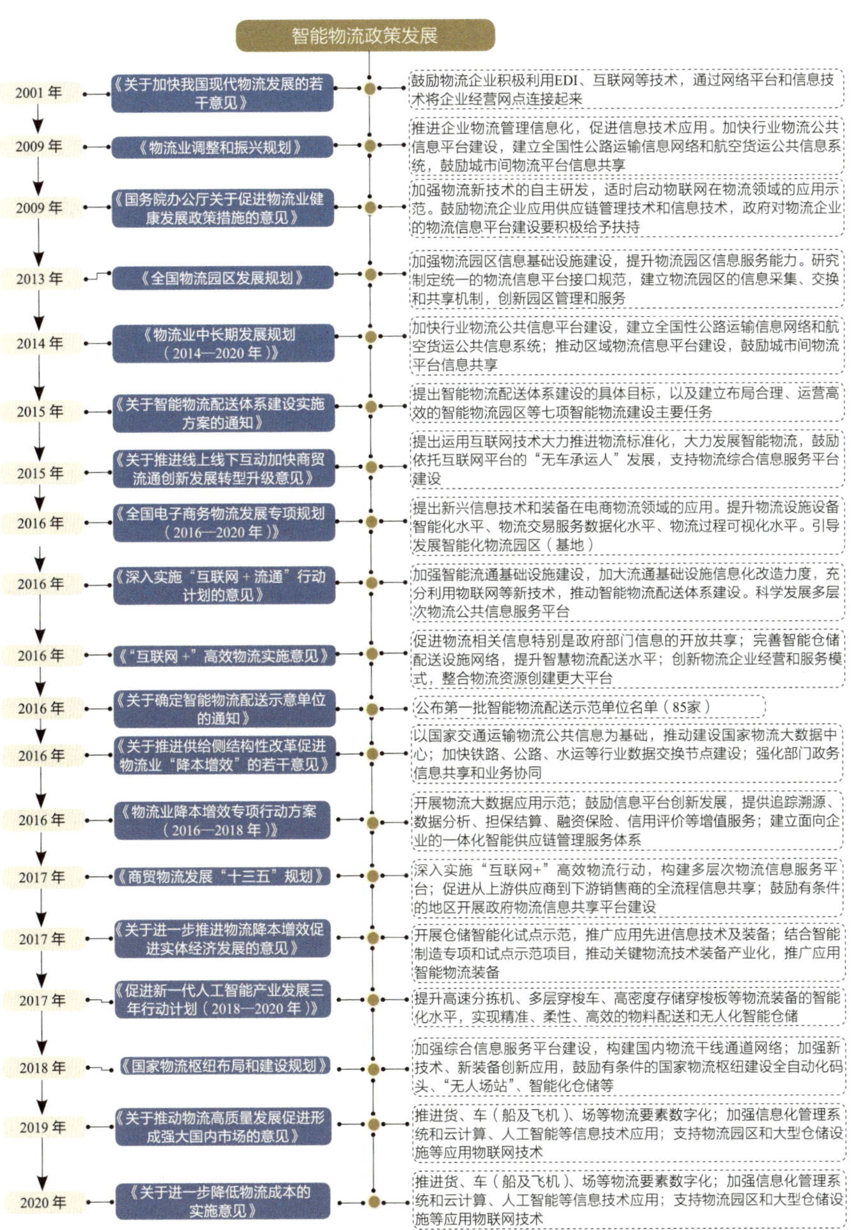

图2.4　中国智慧物流政策汇总

数据来源：中国政府网

三、新一轮科技革命为智能物流发展提供新技术

新一代科技革命推动信息技术发展，地理信息系统（GIS）、全球定位系统技术、导航技术、区块链、大数据技术等技术与物流业的融合。2019年交通运输部《数字交通发展规划纲要》发布，提出加快交通运输信息化向数字化、网络化、智能化发展，鼓励物流园区、港口、铁路和机场货运站广泛应用物联网、自动驾驶等技术。

（一）物流装备和枢纽的智能化技术

即时定位与地图构建、机器视觉、决策规划等智能技术加速推动智能物流场景落地。无人机、无人配送车、无人叉车、智能船舶等物流工具加速研发和应用，推进物流运输效率提升。港口成了物流技术的重要发力点，自动化港口、自动化龙门吊、无人集卡和智能视频监控正改变传统装卸方式。

国内外智能船舶技术

1. 国际智能船舶技术。智能化机舱系统、船舶管理信息化系统、船舶自主驾驶技术研发进展迅速。日本船舶机械与设备协会牵头研发智能船舶应用平台，已开发出多种智能船舶系统。瑞典研发

的船舶基准测试系统基于6000艘船舶报告，可比较33种不同关键性能指标。德国制造执行系统（MES）推出数字平台，可收集和评估运行和传感器数据，对船用发动机、涡轮机和压缩机进行实时监控。韩国航企推进智能船舶4.0服务基础设施，构建基于云计算、物联网等技术的实施数据收、数据分析和船舶管理的构架体系。英国自主无人驾驶船舶“Maxlimer”实现世界上第一次跨大西洋航行。

2．中国智能船舶技术。国内船舶智能驾驶、管理信息化系统、导航系统日臻成熟。海兰信以船舶综合导航系统（INS）为基础研发出智能航行系统，实现在40万吨超大型矿砂船（VLOC）上的首次智能化应用。中国船级社联合中远海运开发“船舶能效在线智能管理系统”，聚焦深度集成技术实现船舶数字化和智慧互联。上海船舶运输科学研究所自主研制13 500标准箱集装箱船“荷花号”智能船舶交付运营，实现智能机舱、智能能效、智能航行等功能。中国国内首艘无人驾驶自主航行系统实验船“智腾”号在位于青岛蓝谷的智能航运技术创新与综合实验基地“下水”，实现远程遥控及自主航行，水下避碰和自动靠离泊。

（二）物流系统平台的智能化技术

地理信息系统技术、机器学习、分布式计算存储技术等推动物流平台的智能化，实现物流物理资源上云共享、资源匹配和信息增值服务等功能。通过构建云平台将物流涉及的公路、铁路、水运、航空等不同运输方式的节点信息整合，构建集信息查询、在线交易、报关申报、运输保障等功能于一体的综合性信息平台。汇聚物流运输企业、运输工具、货物信息等资源并实现实时定位跟踪管理，通过对物流全领域、全流程在线订单掌控，促进物流资源对接，并实现辅助调度和决策分析（见表2.1）。

表 2.1　2020 年中国十大货运平台

序号	名称	成立时间	定位	功能
1	运满满	2013 年	货运调度平台	为车找货、为货找车，提供全面的信息及交易服务
2	货拉拉	2013 年	物流服务平台	用户可以通过手机应用程序（APP）一键呼叫在平台注册的附近车辆，完成同城即时货运
3	货运宝	2014 年	移动物流信息平台	提供车货匹配服务，实现货源、车源信息的高效精准匹配。企业可免费使用公司开发的智慧物流系统对公司运单进行科学管理，降低空驶率，以实现降低运营成本。业务涉及城配、短途运输，长途运输，公路、水路
4	货骑士	2016 年	物流服务平台	专注于城际用车运输，为物流企业提供多种增值服务
5	快狗打车	2018 年	拉货的打车平台	提供拉货、搬家、运东西等同城货运
6	云鸟配送	2014 年	同城供应链配送服务平台	提供同城及区域配送服务

（续表）

序号	名称	成立时间	定位	功能
7	福佑卡车	2015 年	城际整车运输服务平台	通过平台整合行业零散运力，调动经纪人参与竞价的模式，帮助有整车运输需求的企业解决运输成本高和运输在途货物风险等问题
8	G7（物联网）	2011 年	智慧物联网平台	车队管理平台、主动安全服务、数字能源结算、智能挂车租赁、金融保险、卡车后市场等一系列业务
9	易货嘀	2014 年	传化智联旗下大型城市物流平台	易货嘀拥有固定车队和司机，通过定制化提供一站式城市物流解决方案
10	快运嘀	2017 年	车货智能配载服务平台	用于运输物流，找车、找货的信息平台。通过手机终端的卫星定位功能，应用大数据技术对货源、车源进行准确预测、分析、定位，对货车进行科学调度管理，并通过智能配货，提高社会物流的运行效率，进一步降低货主的物流成本

数据来源：网络货运研究院

四、全球化竞争推动智能航运成为物流发展新焦点

习近平总书记指出“经济强国必定是海洋强国、航运强国”，航运作为国际贸易的重要载体，国际贸易量的80%由航运支撑，是经济发展的重要支柱，做强航运是做强国际物流网络的核心，是国际竞争与合作的重要战略选择。

（一）航运智能化投入力度不断加大

当前，国际和国内集装箱吞吐量、干散货运输市场增速放缓，港航业依靠港口投资、能力增长来获取效益持续增长的空间已持续缩小，数字化和智能化成为推动航运转型升级和质效双提升的关键。把握当今国际航运与高新技术融合发展方向，加快培育航运新业态、新模式，积极推动高质量智能航运体系构建，已成为未来重要竞争领域和突破焦点。全球智能航运市场投入加大，亚太成重要增长极。2018年全球港航信息化市场规模达到1 953.33亿元，其中全球港口企业直接投入120.47亿元，航运企业投入242.19亿元，合计362.66亿元（见图2.5）。

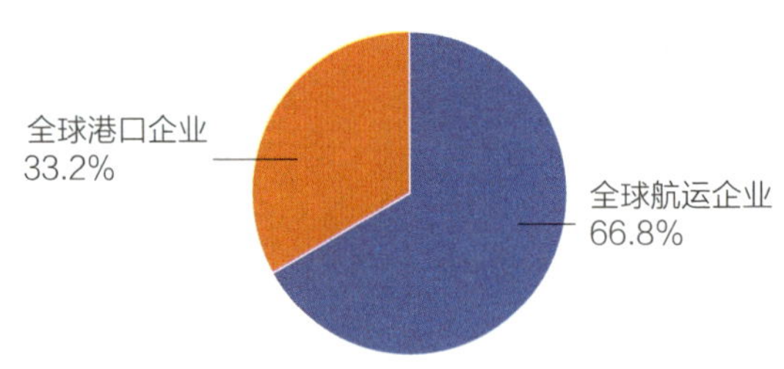

图2.5 2018年全球港口和航运企业信息化投入比

数据来源：《全球港航信息化发展报告》

（二）智能航运平台建设加快资源集聚和信息互联

集装箱物流和联运平台。丹麦马士基推出航运与货运在线订舱平台Maersk Spot，简化在线订舱流程。以色列自动化货运销售平台FREIGHTOS可帮助货运代理商在其网站上管理费率，并自动进行路由和定价。中国鹏海运集装箱物流信息系统平台通过建立共享操作平台与操作模式，将进出口企业、航运公司、货运代理、船务代理、陆运物流企业等传统海运物流行业参与者整合到一个以“集装箱”为核心与操作标准的业务系统中，提供集中统一的申报、运输、配送支持及交易支付等服务。

散货和船舶服务平台。新加坡国际航运智能交易平台——MBC平台，作为全球国际航运（干散市场）智能交易平台，致力于利用区块链技术与人工智能技术构建国际海运的干散货市场生态体系。英国船舶和海上服务平台ShipServ覆盖4.9万余家供应商与260多家航运公司，提供智能化采购运输服务。中国携船网是一家“互联网+”航运产业链服务平台，以数据为核心，为水陆货物运输提供多元化产品与服务，为航运业提供信息技术服务，并延伸交易结算、供应链管理、金融保险、船舶交易、船舶管理、航运大数据等航运生态产业链服务。航运信息网以“船舶交易+互联网+金融服务”为核心战略，为国内外航运企业和船东提供船舶交易及配套服务。

增值服务平台。丹麦马士基Maersk Flow平台提供数字供应链管理平台，简化集装箱运输，减少周转时间；马士基贸易透镜平台开发基于区块链技术的数字运输解决方案，实现全球运输货物过程中实时访问船舶数据和船舶文件。中国上海迈利推出HiFleet船舶智能航运大数据平台，加速市场推广和产品的增值性发展，从账号功能服务向数据、数据应用类型快速扩展，用户覆盖航运、涉水等行业的个人和企业用户。

（三）港口智慧管理、调度和互联不断发展

港口智能化管理。比利时安特卫普港推进物流自动化区块链试点项目，实现集装箱物流业务自动化和简易化。宁波舟山港采用高分辨率遥感测绘、视频监控、无人机等智能采集终端，通过三维建模和GIS对危险货物生产作业相关的船舶、车辆、货物和人员活动进行可视化动态管理，实现对危险货物重点区域的二维、三维一体可视化和全空间视频展现，提高监管能力。南京港仪征港区智慧生产系统，采用卫星遥感、GPS倾斜摄影、三维地理信息（3D-GIS）、物联网传感、云计算、大数据等前沿技术，实现信息技术在现场生产各环节全覆盖。

港口全链智能运营。鹿特丹港建立港口运营管理CITOS系统，构建港口物流链全程信息服务体系，为物流企业、上下游客户提供多方业务协同。汉堡港开发智能港口交通系统，依托卡车司机的智能终端与港区内外数以万计的感应器与电子显示屏，自动为司机提供最优路线推荐。天津港完成集装箱码头“操作系统一体化”搭建，率先在全国实现集装箱码头生产作业全过程集成化运营管理。山东港口青岛港推出全球首创氢动力自动化轨道吊，全球首创运用“5G+自动化”技术等6项全球首创科技成果，打造全自动化码头。

港口智能互联互通。亚太港口服务组织（APSN）召开港口互联互通论坛会议，加强落实亚太经合组织（APEC）领导人提出《亚太经合组织互联互通蓝图（2015—2025）》，以“亚太港口的未来”为主题推动港口互联互通。英国港口联合公司（ABP）将使用由数个物流公司合力开发的港口物流软件。中国正在加快推进港口智能互联，《关

于协同推进长三角港航一体化发展六大行动方案》提出推进长三角区域港口一体化，促进南京等长江枢纽港与上海、宁波舟山、苏州等沿海集装箱干线港的有效衔接。

五、长三角一体化深度推进引领物流协同新局面

长三角一体化战略已经成为国家现代化建设大局的重要组成部分，《长江三角洲区域一体化发展规划纲要》将港口物流、航运物流、跨境物流作为长三角重点发展的物流业态，决定了长三角区域作为内外贸核心枢纽。一是港航资源整合推进港口优化布局和多式联运发展，区域一体化发展将能有效推进沪浙杭州湾港口分工合作，进一步明确宁波舟山港作为综合性港口，上海港作为集装箱枢纽港的地位，推进各港口集团强强合作，完善区域港口的集疏运体系和运营组织体系，在更大范围和更深层次实现多式联运，提升物流联运效率。二是航运高水平信息化推进物流信息全流程采集和监管服务，通过长三角区域的合作推进航运环节涉及的各个部门和企业数据互通和共享，推动港航物流信息全接入，助推实现物流全程可视化、物流交付个性化、物流监管高效化。三是跨境电子商务发展推进构建全球领先的新零售网络，依托长三角区域电商发展优势，构建进出口商品全流程质量安全溯源管理平台，推进航运、通关等数据共享协同，推进物流全链条全流程可溯源，同时鼓励长三角企业走出去实现向全球输出配送服务，能够为国际物流发展提供新机遇。

六、浙江高水平交通强省创造物流市场新环境

浙江省《关于深入贯彻〈交通强国建设纲要〉高水平推进交通强省建设的实施意见》提出构建现代化浙江交通物流融合格局，打造世界一流强港，以“四港”联动引领现代物流发展。一是对物流流程一体化发展的支持，《加快推进海港陆港空港信息港“四港”联动发展建设方案》提出要以海港为龙头、空港为特色、陆港为基础、信息港为纽带、发展多式联运为核心，推进货物多式联运“一单制”。《浙江省物流降本增效综合改革试点实施方案》提出要推进群众事项办理“掌上办”“全省通办”，优化物流设施一体化规划建设机制。二是对物流信息服务平台和智能网络建设的支持，《浙江省人民政府关于进一步加快发展现代物流业的若干意见》提出构建全省性、区域性、行业性物流公共信息平台，加快浙江物流公共信息系统和标准化物流软件建设。《浙江省大湾区物流产业高质量发展行动计划（2019—2022）》提出要构建立足大湾区、引领长三角、辐射全球的世界一流智能物流网络，实现物联网、大数据、云计算、移动互联网等新一代信息技术普遍应用。《加快现代物流业发展打造全国性物流节点城市实施意见》提出以互联互通为方向，推进物流信息网络建设。三是对增强物流国际影响力的支持，《浙江省物流业发展“十三五”规划》提出要以现代物流发展标杆省份为目标，打造国际物流新优势。《浙江省加快推动交通物流融合发展行动方案》提出要推进世界一流港口与环球航运物流融合行动（见图2.6）。

1 《浙江省人民政府关于进一步加快发展现代物流业的若干意见》

构建全省性、区域性、行业性物流公共信息平台。以建设“数字浙江”为契机，加快浙江物流公共信息系统和标准化物流软件建设

2 《加快现代物流业发展打造全国性物流节点城市实施意见》

加强物流新技术推广应用。推广应用道路交通信息通信系统、不停车自动交费系统等交通运输领域新技术，推进物流信息网络体系建设

3 《浙江省物流业发展“十三五”规划》

现代物流发展标杆省份。打造国际物流新优势，深化物流联动发展，着力促进“成本降低”，完善物流基础设施网络体系

4 《浙江省加快推动交通物流融合发展行动方案》

全链条交通与物流融合发展新体系。世界一流港口与环球航运物流融合行动，运输集装化、信息化与多式联运物流融合行动等

5 《浙江省物流降本增效综合改革试点实施方案》

构建开放、共享、高效、绿色的物流业发展新格局。推进群众事项办理“掌上办”“全省通办”、建设智慧物流服务平台、优化物流设施一体化规划建设机制

6 《加快推进海港陆港空港信息港“四港”联动发展建设方案》

构建开放互通、联动高效、绿色智能的“四港”联动体系。以海港为龙头、空港为特色、陆港为基础、信息港为纽带、发展多式联运为核心。推进货物多式联运“一单制”

7 《浙江省大湾区物流产业高质量发展行动计划（2019—2022）》

立足大湾区、引领长三角、辐射全球的世界一流智能物流网络。围绕运输结构调整、物流降本增效、“四港”联动，突出五大任务，抓好五大工程

8 《关于深入贯彻〈交通强国建设纲要〉高水平推进交通强省建设的实施意见》

打造世界一流强港，以“四港”联动引领现代物流发展。强化宁波舟山港龙头地位，形成高水平一体化运行体制。打造高能级航运服务平台，推进港产城融合发展。建设信息港联运大脑，统一标准、规则、费率，实现全程“一单制”

图2.6　浙江省物流政策梳理

第三章

全面数字化下的智能技术演进趋势和应用前景

新一轮科技革命带动了智能技术的发展，包括人工智能、区块链、大数据和云计算等智能技术在演进和发展中不断成熟应用，并深入应用到交通、能源、金融和物流等多元化领域，取得很多实践经验和应用数据，为后续发展奠定了良好的基础。

一、人工智能

1. 演进历程

人工智能1.0：诞生和发展（1956—2016年）。1956年麦卡锡、明斯基等科学家在美国达特茅斯学院开会研讨首次提出“人工智能”（AI）概念，标志着人工智能的诞生。1970年以后，人工智能逐渐发展出机器定理证明、机器翻译、专家系统、博弈论、模式识别、机器学习、机器人和智能控制七大领域，并发展出符号学派、连接学派、行为学派等。

人工智能2.0：发展新阶段（2017年至今）。世界由两元空间逐渐向三元空间转变，在人类社会空间和物理世界空间之外正在形成一个新的信息空间，是人工智能走向2.0的根本原因。人工智能将向大数据智能、群体智能、跨媒体智能、人机互动增强智能、自主智能装备等5个方向发展，推动智慧城市、智慧医疗、智能制造、智能农业等领域发展。

2．应用前景

人工智能在某些特定领域已经取得了一定成绩，如“阿尔法狗”在围棋比赛中战胜人类冠军，波士顿动力机器狗上岗纽约警局；人工智能程序在大规模图像识别和人脸识别中达到了超越人类的水平，能够协助警方侦破案件；人工智能系统诊断皮肤癌达到专业医生水平，帮助实现癌症决策支持和慢性病管理。人工智能算法在物流分单过程中实现了精准匹配，将分单准确率提升至99.99%。随着全球抗疫逐渐进入常态化局势，人工智能在信息收集、数据汇总、实时更新、流行病调查、疫苗药物研发、新型基础设施建设、智能交通物流等领域逐渐发挥出巨大的作用，助力全球经济复苏、新业态新模式开发、新生活方式变革。

二、区块链

1．发展演进

区块链的演进经历了四个阶段。第一阶段为萌芽期（2008—2012年），2008年中本聪提出一个点对点电子先进系统，比特币由此诞生，支撑比特币体系的基本技术就是区块链，这一阶段的比特币和区块链尚处于少数群体参与的实验阶段。第二阶段为扩展期（2013—2014年），比特币区块链可作为货币以外的数位资产转移，比特币开始真正支持全网的大规模交易，成为中本聪设想的电子现金，真正产生了全球影响力。第三阶段为高潮期（2015—2018年），随着比特币价值的飙升，比特币带动虚拟货币爆发，并以此带来区块链应用爆发，如智慧合约在医疗、科学、文化等领域的应用，芝加哥商品交易所上线比特币期货交易，标志着比特币正式进入主流投资产品系列。第四阶段为应用期（2019年至今），随着市场监管的到位，人们对区块链的认知更加成熟，区块链尝试应用于包括电子发票、版权、货物溯源、司法存证等诸多领域，区块链将进入理性应用期。

2．应用前景

区块链的去中心化、不可篡改、公开透明和加密技术等优势，能够广泛应用于公共部门、金融服务、房地产交易、交通行业、能源和电信等领域，提升行业发展的安全性、可靠性和效率。在公共部门，中国司法区块链系统“天平链”发布，平台上提交的所有资料均通过分布式账本技术（DLT）认证，保证数据真实性的同时降低相关诉讼成本。在金融领域，中国平安在区块链应用方面推出了资产交易与征信，中国银行推出了跨行积分系统等。在交通行业，通过技术支持进行二手车分销的科技公司Shelf.Network启动去中心化的拍卖协议，汽车经销商可通过该平台进行汽车销售和租赁交易；西伯利亚航空公司和阿尔法银行（俄罗斯）已通过在超级账本（Hyperledger）区块链平台上应用智能合约，实现实时支付飞机燃油费用。在能源和电信行业，新加坡电力集团推出可再生能源证书（REC）区块链交易市场，韩国电信（KT）公司借助基于分布式注册技术的区块链网络，将客户数据安全传输给合作伙伴，每秒可处理10万个事务。在物流行业，Hyperledger 开发智能合约，为物流过程自动生成法律协议；苏宁打造区块链商品溯源平台，一物一码串联全程，为业务机构和消费者提供溯源查询服务。

三、大数据

1．发展演进

大数据发展分为四个阶段。第一阶段为1980—2008年，为大数据诞生阶段。阿尔文·托夫勒《第三次浪潮》中将大数据称为“第三次浪潮的华彩乐章”。美国互联网数据中心指出，互联网上的数据每年将增长50%，每两年便将翻一番。美国计算社区联盟发表的白皮书《大数据计算：在商务、科学和社会领域创建革命性突破》指出，大数据真正重要的是新用途和新见解，而非数据本身。人们逐渐对大数据有了初步认识。第二阶段为2009—2011年，为大数据热门阶段。各国政府纷纷开启大数据应用的初步阶段，美国政府通过启动开放数据网站（Data.gov），向公众提供各种各样的政府数据；印度建立了用于身份识别管理的生物识别数据库；欧洲一些领先的研究型图书馆和科技信息研究机构建立了伙伴关系，致力于改善在互联网上获取科学数据的简易性。第三阶段为2012—2016年，为大数据战略地位提升阶段。这一阶段大数据成为时代主题，瑞士达沃斯世界经济论坛发布《大数据，大影响》宣称，数据已经成为一种新的经济资产类别。奥巴马政府宣布将2亿美元投资大数据领域，是大数据技术从商业行为上升到国家科技战略的分水岭。第四阶段为2017年至今，为大数据全面爆发阶段。2018年达沃斯世界经济论坛等全球性重要会议把大数据作为重要议题。全球各经济社会系统采集、处理、积累的数据增长迅猛，大数据全产业市场规模逐步提升。结合人工智能、云计算等其他技术，大数据应用领域实现更广范围的扩大。

2．应用前景

近年来，全球大数据呈现爆发式增长，2019年全球大数据储量达到41泽字节（ZB），全球大数据硬件、软件和服务整体市场规模达500亿美元（见图3.1），广泛应用于能源、金融、物流等领域。在能源领域，维斯塔斯风力系统利用国际商业机器公司（IBM）超级计算机，利用大数据技术对气象数据进行分析，确定安装风力涡轮机和整个风电场最佳的地点仅需1小时，代替以往需要数周的分析工作。在金融

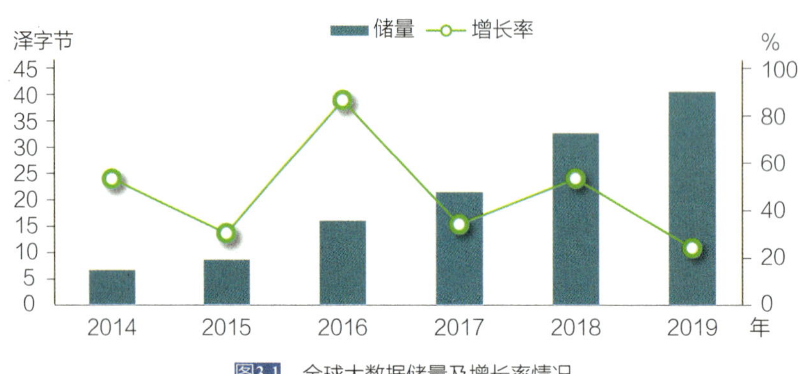

图3.1 全球大数据储量及增长率情况

数据来源：前瞻产业研究院

领域，招商银行通过数据分析识别出招行信用卡价值客户经常出现在星巴克、麦当劳等场所后，通过“多倍积分累计”“积分店面兑换”等活动吸引优质客户；通过构建客户流失预警模型，对流失率等级前20%的客户发售高收益理财产品予以挽留，使得金卡和金葵花卡客户流失率分别降低了15%和7%。在物流领域，亚马逊借助大数据技术对客户需求进行分析，将客户感兴趣的商品就近存放，方便客户下单；UPS公司借助大数据优化送货路线，在货车行驶路程减少2.04亿千米的前提下，提升包裹派送量35万件。

四、云计算

1. 发展演进

云计算兴起和发展大概经历了三个阶段。第一阶段为1956年至20世纪90年代的初步酝酿阶段。1956年，英国计算机科学家克里斯托弗·斯特雷奇发表了一篇关于虚拟化的论文，奠定了云计算基础架构的核心和发展的基础。随后，虚拟机诞生，使用虚拟化，可以在一个隔离的环境中使用一个或多个操作系统。第二阶段为20世纪90年代至2006年的概念成型阶段。1999年，客户关系管理（CRM）软件服务提供商Salesforce通过一个简单的网站提供企业应用。2002年，亚马逊通过土耳其机器人提供了一套基于云计算的服务，包括存储、计算，甚至还有人类智能。在2006年，谷歌（Google）首席执行官埃里克·施密特在搜索引擎大会上首次提出“云计算”概念。第三阶段为2006年至今的应用成熟阶段。云计算成为大型企业、互联网公司研究的重要方向。2008年，微软发布公共云计算平台，2009年，阿里软件（上海）有限公司在江苏南京建立首个“电子商务云计算中心”，中国移动云计算平台“大云”计划启动，互联网服务中云计算应用已经十分普遍。

2．应用前景

云计算具备强大的弹性和高拓展性，能够实现规模效益最大化，是支撑企业数字化转型的核心基础设施。根据2018年云计算产业应用结构中，互联网、交通物流、金融、电信、能源等领域占据云计算应用主体，2017 年全球云服务市场规模达745亿美元，我国云服务市场规模达640亿元，年增速达到 24.9%和28%。在公共服务领域，各级政府推进的数字政府和服务型政府建设，打造政务服务云平台，云计算将发挥巨大作用，推动构建高效运营的技术平台。2018年我国政务云市场规模370.8亿元，有30个省级行政区已经建设或者正在建设完成招标，地级行政区覆盖比例超过70%。在金融领域，蚂蚁科技集团、京东数字科技控股、腾讯云计算（北京）公司，为互联网金融企业提供定制化的云计算解决方案，中国银行正探索用云上的事中风控平台来代替传统的U盾。在交通领域，利用云平台技术，中国率先成为火车票网上售票率达80%的国家。

智能技术已经广泛应用于经济、社会、城市建设发展的各个领域，并在逐渐显现出其强大的引领带动作用和广泛的延伸连锁效益。物流作为一个与国民经济和社会发展各大领域密切相关的环节和行业，与智能技术的结合必将迸发出前所未有的火花，甚至为物流行业带来革命式的发展。在物流领域，敦豪快递与微软合作推出新仓储机器人平台，能够为所有配送中心部署同一套机器人解决方案；德邦与华为云合作，利用华为云智能光学字符识别（OCR）技术、防暴力分拣系统等，使管理成本降低25%、快递破损率下降14.3%。

第一篇 结语

国际国内双循环大发展格局之下，中国拥有超大规模市场优势和内需潜力，未来物流发展前景巨大。新发展格局和新发展理念之下，智能技术已经广泛应用于经济、社会、城市建设发展的各个领域，并在逐渐显现出其强大的引领带动作用和广泛的延伸连锁效益。中国物流要想在国际物流发展中占据关键地位，需抢抓政策着力点和市场布局点，与智能技术结合将是未来发展主流，也是未来发展需要加强突破的焦点。物流作为一个与国民经济和社会发展各大领域密切相关的环节和行业，是连接国际贸易和国内外发展的重要桥梁，物流的数字化和信息化发展能够撬动整个国民经济和社会发展，带动国家综合实力提升和国际地位提升。

第二篇

智慧物流发展——现状、问题、趋势

“智慧物流”这一概念自提出以来，经过十余年的发展，在国家强有力的政策支持下，向全行业与社会发散，已经从最初的头脑风暴与理论层面逐渐演变成实操业务层面的各类应用产品及落地场景。“智慧物流”发展正在形成行业共识，不断助力企业与行业的降本提效。物流业充分利用新经济时代推动经济社会持续发展的重大发展战略和新契机，借力于我国新一轮物流科技产业革命和现代信息化高新技术，与商贸、制造业进行有效联动和深度融合，重塑我国新一代物流产业发展生态系统，打造智慧城市物流，迈向全球物流价值链中高端，成为经济社会持续发展的新增长动能。

第四章

智慧物流概述

“智慧物流”的概念最早起源于2009年中国物流技术协会信息中心、华夏物联网和《物流技术与应用》编辑部。智慧物流不仅包括智慧运输、智慧仓储，更融合现代物流管理理念，发展成为智慧供应链物流。从不同维度看，智慧物流具有不同的特点。从运作形态来看，智慧物流主要具备信息交互、业务协同、智能决策等特征。从服务模式来看，智慧物流具备柔性化、社会化、一体化、智能化的特征。从技术应用的角度来看，智慧物流的特点主要表现为在仓储配送、物流供应链、物流大系统等环节，将自动化、可视化、智能化、系统化、网络化、电子化等相关技术成果应用于物流系统中。智慧物流发展模式按照其服务的产品可以分为消费智慧物流和生产智慧物流。本章将从多个角度解读智慧物流的概念内涵，总结智慧物流的特点，最后从感知、网络、应用三个层面介绍智慧物流技术。

一、智慧物流概念

2009年12月，中国物流技术协会信息中心、华夏物联网和《物流技术与应用》编辑部率先提出“智慧物流”的概念[1]。此概念一经提出便引起广泛关注，但此后业界对智慧物流的概念并未达成共识。

国家发展和改革委员会综合运输研究所主任所长汪鸣认为，智慧物流是一种信息化、物联网和智能化技术，在相互匹配的物流管理和服务技术支撑下，使得物流行业与服务对象之间形成一种既紧密又智能关联的发展态势[2]。

著名物流策划专家李芏巍认为，智慧现代物流主要目的是将移动互联网、物联网等新信息时代的技术充分融合运用起来，实现了物流业务全程管理自动化、可视化、智能化、信息化、网络化，从而基本建立起了一套以不断提高我国物流资源有效综合利用率水平为基础的物流服务管理模型和不断提升我国物流企业生产力管理水平的一种行业创新性服务形态[3]。

北京交通大学王喜富教授认为，智慧物流的发展趋势是以“互联网+”体系建设为中心，通过物联网、云计算、大数据及“三网（包括传感网、物联网与移动互联网）融合”等技术手段为支撑的物流体系。

综上所述，笔者认为，智慧物流是我国现代物流和信息技术发展到一定程度的必然结果，也是多项现代物流和信息技术的集成和聚合体。智慧物流不仅包括智慧运输、智慧仓储，更融合现代物流管理理

[1] 张建超. 我国智慧物流产业发展水平评估及经济价值分析［D］. 太原：山西财经大学，2017.

[2] 鲍琳，张贵炜. 基于扎根理论的智慧体系构建［J］. 企业经济，2018（4）.

[3] 刘佳佳. 智慧物流背景下物流企业的发展现状及应对策略研究［J］. 物流科技，2018，41（9）.

念，发展成为智慧供应链物流。发展智慧物流不仅顺应时代发展的需要，也拓展了物流自动化、信息化、可视化、实时化、溯源与智控五大发展新方向，对于国民经济持续健康稳定发展有着至关重要的作用。

二、智慧物流特点

智慧物流的特点可以从三个维度看：

从运作形态来看，智慧物流主要具备三大特点：一是信息交互。所有的物流服务都需要实现数据关联和信息互通，以大量的物流数据资源来优化物流决策和业务执行，为整个物流的数据生态服务体系赋予可能。二是推进业务协同。物流服务领域是一个跨企业、跨行业、跨组织的广泛领域，迫切需要深度交叉、相互协同，促进物流产业生态体系共生共荣。三是智能决策。通过机器学习、智能算法的有机融合，推动物流管理系统的程控化和信息自动化的发展；通过大数据分析、云计算与人工智能等技术，共同构建物流“大脑”，在感知中决策，在执行中学习，在研究中学习，在学习中进步[1]。

从服务模式来看，智慧物流应具备四个特点:一是柔性化。能够按照消费者要求的多样化来灵活调整生产工艺，提供可靠、特殊、增值

[1] 王继祥．智慧物流引领未来［EB/OL］.（2018-08-01）［2021-07-01］. https://www.sohu.com/a/244612664_505913.

的服务。二是社会化。随着我国物流基础设施走向国际化，物流活动不再局限于单一企业、地区或国家。为了实现商品和货物之间国际化的流动与交换，需要建立一个社会化的智慧物流体系。三是一体化。以物流管理系统为基础和核心，将物流运输、储藏、包装、装卸等各个环节综合起来构建一体化的物流服务系统，向广大客户提供低价而优质的物流服务。四是智能化。智慧物流不再局限于仓储库存决策、运输方式选择、自动追溯与控制、自动分拣与运行等，它将被人们赋予更多新的功能。

从技术应用来看，智慧物流的特点主要表现在三个方面：一是仓储配送。通过新型信息技术和传感器技术，借助物联网实现信息交互，实现对货物仓储、配送等各个流程的有效管理，从而大大降低成本、增加效益[1]。二是物流供给链。借助现代信息数据技术以及完善的配送服务网络，构建了一个面向供应链上下游各个环节的社会化共享配送服务体系。三是物流大系统。物流自动化、可视化、智能化、系统化、网络化、电子化等相关技术成果均应用于物流系统中。

三、智慧物流模式

智慧物流发展模式按照其服务的产品，可以分为如下两种：

[1] 王继祥．智慧物流引领未来［EB/OL］．(2018-08-01)［2021-07-01］．https://www.sohu.com/a/244612664_505913.

（一）消费品智慧物流

消费品智慧物流的主要目的是提升服务体验和满足客户期望。通过整合商流、信息流、资金流、数据流，打通最后一千米的物流服务环节，并有效集成网点、转运、干线、末端、人员等多维度的大量数据，针对消费品运输各个环节的数据进行全链路的物流整合，形成有效的数据驱动与协同，从而为人们日常生活提供高效便捷的现代化物流和服务。其基本路径主要有：

一是根据供应链上下游各个环节的需求场景、政府监管场景等不同场景需求，通过资源集成化、业务平台化、技术智能化和供应链一体化，结合云计算、人工智能、区块链等技术手段搭建消费品交易平台[1]。

二是通过物流数据平台实现物流信息全流程、全场景的管理，利用技术手段建设物流产业集合消费品智慧物流群，进而促进社会物流资源的优化配置。统一汇总各类信息，搭建消费品物流服务平台，实现物流领域规模化的技术创新应用。

（二）生产智慧物流

生产智慧供应链物流主要目标是建设一个基于智能化、协同一体化的生产资料智慧供应链平台，切实从其应用场景角度出发，为生产资料领域的货主企业、物流公司、物流园区、监督机构、金融

[1] 金瑞，刘伟华，王思宇，吴文飞．智慧物流的发展路径与发展模式［J］．物流技术，2020，39（4）．

组织等各方，提供一个线上线下全覆盖的智慧化解决方案，助力生产资料供应链各个环节信息智能化水平的提升，从而降本增效，提升各环节间的协同化，降低供应链整体风险。其基本路径主要有：

一是智慧型物流公司。利用物流的纵向与横向发展，形成智慧型物流。首先，进行仓储、运输、流通加工、装卸搬运等环节的物流信息化建设，实现业务线上一体化。其次，通过企业资源整合与集成化、业务平台化、科技智能化和供应链的协同化，搭建信息服务平台。最后，建立平台生态圈，以满足不同市场需求。

二是企业智慧物流。随着工业互联网的推行和新一代物联网的成熟，发展现代智慧物流业已经是许多制造企业的共识，企业对于智慧物流主要采用“自建+整合”和“独立自建”两种模式。

四、智慧物流系统架构

智慧物流系统架构有三个层次：感知层、网络层和应用层[1]。

（一）感知层

感知层是智慧物流系统通过智能监控等技术来实现对于货物、环境、物流设施设备等的自动实时感知。具体而言，可分为追溯感知层、

[1] 霍艳芳，齐二石. 智慧物流与智慧供应链［M］. 北京：清华大学出版社，2020.

跟踪感知层及控制感知层三个层面。感知层主要解决货物信息的数字化管理问题。传统的管理方式下多数是采用企业单据、凭证等纸质单据作为物资信息的传递载体，凭借手工数字记录、电话语音交谈、人工数字计算、邮寄或手机传真等多种工作方式，对于企业物流的信息无法实时采集、记录、处理、传递和及时反馈，极易导致企业出现物资信息采集差错、信息处理滞后等问题。企业管理者在企业物资信息流动的各个环节都难以真正做到充分统筹、协调，而在智慧物流环境下，借助条码、RFID、区块链等技术可以快速对货物进行识别和追溯。

（二）网络层

网络层是一个基于云智能的物理神经网络，连接着感知层和应用层，其主要功能就是“传送”，即通过一个互联网上的通讯器终端来直接进行物流信息的实时传输。通信层由各种私有通信网络、互联网、有线和无线网络通信组成，负责将感知层获取的数据信息安全可靠地进行传输，并及时发送到与其相关的通信应用处理层，然后根据不同的应用要求对数据进行处理。目前随着“数据孤岛”日渐成为智慧物流发展的核心瓶颈，区块链、隐私计算等数据安全流通技术正成为智慧物流发展的研究与应用热点。

（三）应用层

应用层是智慧物流的应用系统，借助物联网感知技术，能够通过感知前端物流的运作系统状态，执行对物流系统操作或者业务产生的物流决策处理命令。根据物流作业层次，应用层可划分为决策层、管理层和执行层三个层次。决策层面向物流企业中的高层决策管理人员，主要以企业物流系统为技术场景，对物流管理系统进行了智能化的技术整合，为决策者提供有力支持。管理层包括业务控制系统和管理信息系统，主要工作就是针对具体业务进行业务控制，例如建立仓储过程管理控制系统、分拣过程管理控制系统、仓储调配系统、运输管理系统等。执行层接受来自管理层的调度控制指令，及时采取有效的操作，并反馈物流设备的执行情况和设备故障信息。目前随着物流业生产规模的快速扩张，基于大数据、人工智能的智能决策、管理与执行系统越来越多地应用于生产实践当中，显著提升了物流运输、仓储、分拣等环节的作业效率。

5

第五章

智慧运输

智慧运输是指以新一代信息技术的应用为基础，深度挖掘物流大数据，形成“全面感知、深度融合、主动服务、科学决策”的分析体系，实现行业资源优化配置，推动物流运输更加便捷、环保、高效，带动物流运输相关产业转型、升级。政府有关部门出台了一系列政策，如《关于加快推进新一代国家交通控制网和智慧公路试点的通知》《关于开展ETC智慧停车城市建设试点工作的通知》《交通运输部关于中国铁道建筑集团有限公司开展智慧建造等交通强国建设试点工作的意见》等，为智慧运输网络的建设提供政策支持，夯实发展基础。本章介绍了智慧运输中常见的运输方式及相关应用案例，包括智慧公路运输、智慧铁路运输、智慧水路运输、智慧航空运输、智慧多式联运，并探讨了智慧运输当前存在的问题以及未来的发展趋势。

一、智慧公路运输

智慧公路运输是依托现代网络化的货运场站体系进行集散货源，使用各种技术先进、结构合理、节能低排的载货车辆，以高效的通信信息为管理手段，结合建立一套安全科学有效的管理机制，通过高效的运输组织，实现货物安全、准确、快速运输的现代化公路运输管理机制和经济组织形态[1]。

（一）智慧公路运输主要形式

1．共同配送

根据《中华人民共和国国家标准：物流术语（DB/T 18354-2021）》，共同配送是由多个企业或其他组织整合多个客户的货物需求后联合组织实施的配送方式。结合国内外城市共同配送发展情况与案例的研究经验，共同配送主要包括以下三种基本模式。第一种以商超商店的合作为主，利用众多连锁商店的优势来发挥其规模和市场效应，依托大型连锁卖场和中小型连锁零售门店之间共享的物流服务资源，借助大型连锁卖场的自营物流体系来实现统一化配送，提高了配送速度和效率。商超连锁企业从供应商处集中采购后，商品货物集中在区域总仓，后再将货物运输到商超连锁企业所在地原有或者共建的配送中心，再依照各个零售商对门店进行统一的配货。第二种模式就是以第三方物流为主导。不同类型的企业把配送的业务委托到专业的第三方物流企业，第三方物流企业会分建不同的行业、领域的专业配送中心，最终按照专业化的分类共同配送到有特定需求的企业或者门店。对于企业而言，将物流配送的业务全部委托给第三方物流，自

[1] 张盛浩．区域公路运输枢纽运营优化研究［D］．长春：吉林大学，2009.

身不必再投入大量资金购入重资产，可以为企业节约相当一部分的物流费用，且第三方物流的专业化水平程度高，能够为物流企业提供更优质的物流服务。同时，对第三方的物流企业而言，合作可以为企业带来长期且稳定的客户资源，进而通过整合客户信息可以获得进一步需求，实现统配，降低物流费用，但同时也对其业务方面的能力与专业化程度提出了要求。第三种则是更加侧重于城市或城乡末端快递配送环节的快递型企业，主要针对商业中心、生活社区、小中型门店等消费者小范围集中的末端区域，这也顺应了当前移动互联网大时代背景下的全民网购消费潮流需求。网点或配送企业通过公共仓储点分拣后，集中统一配送至社区、校园、商业楼宇等相对来说更为复杂的末端地带，实现了小区域范围的货物规模化配送经济。

随着国家优惠政策的深入推动、技术的变革演进和商务模式的创新升级，共同配送增加了更多的智慧元素，形成了更加多样化的智慧共享物流模式[1]，即通过对物流信息与线上资源、物流基础设施、物流配送资源、物流科学技术与设备网络资源等诸多资源的整合，推动了物流系统主要的功能环节相互适应、耦合协调、相辅相成并最终朝着成为一种物流操作流程高效、智能化、物流数据资源优势共享化、物流体系功能完善、全面改革转型升级的新型物流操作管理模式不断发展[2]。

---

[1] 张建超．我国智慧物流产业发展水平评估及经济价值分析［D］．太原：山西财经大学，2017.

[2] 霍艳芳，齐二石．智慧物流与智慧供应链［M］．北京：清华大学出版社，2020.

2．越库运输

根据国家标准《物流术语（GB/T 18354-2021）》，越库作业是物品在物流节点内不经过出入库等储存活动，直接从一个运输工具换载至其他运输工具的作业方式。越库（又称直通配送、直接转运等）是一种高效的综合性物流操作模式，能够将仓储和运输进行有效整合，减少供应链各环节（尤其是供货商或者分销店）的库存，将分散运输转化成为整车运输，从而降低运输成本，同时又能满足多品种、小批量、短周期的供货需求，有“物流领域的准时（JIT）生产”之称[1]。越库在其核心理念设计上就是直接取消了公司配送服务中心的仓储功能，货物一旦成功到达公司配送中心就可能会直接越过公司仓储业务管理这一环节，直接根据客户的配送要求配送到户。

目前，诸多国际知名的生产制造或零售领域的头部企业（如沃尔玛、丰田、联合包裹、天地物流等）和众多的零担货运服务公司的物流业务设计均采用越库技术。美国的第三方物流仓储服务企业中，有超过70%的企业已经开始尝试使用越库运输模式，其运作不仅要求良好的现代物流和供应链运作管理，同时也会在实践中应用一些先进的算法研究成果（如启发式算法、禁忌搜索算法、遗传算法、粒子群算法等）提高越库。在实践操作过程中，越库运输需具备以下基础条件，如稳定的市场需求、供应链中各环节的紧密配合、供应商优秀的

[1] 吴斌，陈佳华，李玉，董敏．物流领域的“JIT”——越库调度［J］．油气储运，2018，37（2）．

质量监督、管理能力、较高的企业信息化水平和标准化程度（如采用国家规范的通用条码和标准化包装）等。

3．甩挂运输

甩挂式运输是指直接使用一台带有较大驱动力的运输机械吊车连续驱动两台或以上的承载设备来进行运输的方式。甩挂运输将随主车拖带的承载装置（包括半挂车、全挂车甚至货车底盘上的货箱），甩留在日的地后，再拖带其他装满货物的装置返回原地或驶向新地点[1]。甩挂运输是道路运输企业标准化、网络化的集中表现，对于有效降低道路运输成本、节能减排、提高管理效率等都具有重要意义[2]。

就当前情况来看，物流运输企业开展甩挂运输的基本模式有四种：一是“一线两点，两端甩挂”模式，适用于货运量大且稳定、装卸作业地点固定、运输线路中短途的业务类型。二是“一线多点，沿途甩挂”模式，适宜于装（卸）货地点集中、卸（装）货地点分散、货源比较稳定的运输线路。三是“多线一点，轮流拖挂”模式[3]，适宜于发货点集中、卸货点分散，或卸货点集中、发货点分散的运输网络，主要特征是多条线路集中于一点，在该点集中进行装卸作业。四是“网络化甩挂运输”模式，特别适合于已具有成熟运输网络且网络中的货源条件稳定的公路快捷货运行业。

同时，一些现代化的技术手段的应用能保障运输环节的顺畅与安

❶ 李琳．低碳经济时代低碳物流运输新模式［J］．经济研究导刊，2017（5）.

❷ 杨伟健．甩挂运输联盟的运行机制及其合作博弈研究［D］．广州：广东工业大学，2014.

❸ 何民爱，吕延昌，赵颖．我国公路快速货运甩挂运输模式与运营效果［J］．物流技术与应用．2012，17（11）.

全运行，以厦门和诚智达为例，该企业作为一家运输车队综合管理服务平台的提供商，针对运输企业的供应链建设颇有心得[1]。就运输企业的发展而言，货主押账问题通常较为棘手。由于押账期限长，司机的资金周转压力较大。为有效缓解上述问题，厦门和诚智达就柴油与货车的分期业务展开融资，在实际操作中，所有的参与合作的运输公司，都需加入一个智慧车管系统之中。在每一台运输车上，不仅要配备卫星定位系统，还安装了智能车载终端，监控中心可以根据车辆行驶的实际情况，对车速、油耗等实际驾驶状况予以监控与反馈。

4．网络货运

2020年10月22日国务院新闻办公室举行发布会，介绍交通运输“十三五”发展成就，会上肯定了网络货运这一新业态的发展。会议指出，网络货运新业态共整合货运车辆172万多辆，占营运货车保有量的15.9%，货运市场集中度有所提高。网络货运平台作为“互联网+物流”的创新模式，将传统物流行业与现代信息技术深度融合，让整个物流运输过程透明、高效，通过大数据分析、北斗导航、人工智能、边缘计算等先进技术助力传统物流的数字化、智能化转型。同时，网络货运可以帮助企业在车辆调度、运途监测、货物管理和税务合规等领域实现高效、规范、智能操作，促进物流业规范有序地发展。

作为传统物流向现代物流转型升级的创新业态模式，网络货运也经历过一段时间的发展迭代。2014年开始，互联网浪潮席卷物流行业，大量车货匹配平台如雨后春笋般涌现出来，后又在市场洗礼下进

[1] 智睿．现代供应链、造智慧供应链是未来发展方向探究［J］．智库时代，2018（26）．

一步出清规整。2016年，网络货运进入第二个发展阶段，无车承运人概念兴起。交通运输部办公厅印发《关于推进改革试点加快无车承运物流创新发展的意见》，并展开了为期3年的试点工作。2019年则进入第三阶段，交通运输部联合国家税务总局印发《网络平台道路货物运输经营管理暂行办法》，"无车承运人"正式更名为"网络平台道路货物运输经营者"。

网络货运平台的特点，据中国物流与采购联合会网络事业部主任、物流信息服务平台分会秘书长晏庆华归纳，有三点：一是平台经营者既是承运人又是托运方；二是物流业务商品化；三是强数据属性，对于数据依赖程度高，但数据利用与转化能力也极强[1]。晏庆华提出，仅仅具备撮合能力的服务平台并不属于网络货运范畴。需要政府部门发挥监管作用，对市场内的网络货运平台的合规性进行鉴别与甄选。规范化经营的网络货运平台需要有一定的技术实力，能够完成系统开发、技术支持、流程梳理，且获得网络货运许可证。在此基础上，能够做到"四流合一"，即商流、物流、信息流与资金流的真实性与高效协同，继而更进一步与数据流融合，从而达到"五流合一"。

网络货运平台发展至今正处于百家争鸣的时期，各个平台的商业模式以及运营逻辑都各有千秋，可分为三种类型：控货型、开放型与服务型平台。

控货型平台的核心是牢牢掌握着货源或物流订单的分配权，平台自

[1] 物流时代周刊. 网络货运为构建现代物流体系添动能［EB/OL］.（2021-02-26）［2021-07-01］. https://mp.weixin.qq.com/s/TUl923AVNip-FJ2aOlvprQ.

身很有可能即为货主方或货源供给方，为进一步优化自身的成本结构，需要寻求更多的运力资源，降低采购成本。将控货型平台细分来看，主要可以分为合同物流、大宗危化品以及电商平台三个子类。服务于合同物流的网络货运平台，如安得、大恩、中外运等，大多源于大型合同物流企业，他们以解决自身物流需求为切入点，构建了自有运力池。自有运力池则一般由自购车辆、挂靠车辆以及长期合作的第三方运力供应商组成，但往往规模偏小且缺乏规范化的管理，难以满足合同物流企业日益增长的业务需求。网络货运平台模式的出现，使得这类企业通过自建平台，可以不断把优质、高性价比的社会运力纳入自有运力池，并进行规范化管理，降低整体成本。第二类是大宗商品与危化品（危险化学品）物流平台。大宗商品主要包含煤炭、钢铁、矿石等，危化品则是危险性较高的货物，需要专人专车运输。上述两大类特殊货物对于物流管理都有较高要求，网络货运平台能够高效整合运力，加强对货、车、人的监管，同时降低业务各环节的信息壁垒以及解决税务开票的问题。第三类是电商平台。作为重要的商流渠道，商品网络销售的比重日益增大，掌握了大量物流订单，其物流成本可追溯至商品供应链上游甚至源头，包括厂家、经销商、电商总仓、门店以及末端消费者。因此也可以通过平台化手段整合运力端资源，优化自身运力池。

第二种类型为开放型平台，这类平台对于货源与运力都缺乏强掌控力，属于市场完全竞争领域，更具开放性也更专注于货物与运力之间的高效匹配，可以进一步细分为撮合型、承运型与专业型。其中，撮合型以临时性整车订单为主，以信息撮合与对称为业务核心，解决车货信息匹配问题，平台不参与各个物流环节，以满帮货运平台为代表。承运型则以计划整车订单为主，如快递、快运的干线外包业务，具有业务周期长、运输时间与线路固定的特点，对运输的质量与时效均有较高要求。网络货运平台能够将管理的颗粒度细化到个体司机层级，提升管理效率，降低成本。专业型的网络货运平台的优势在于差异化的服务，通常聚焦于特殊行业或某一区域内。

第三种类型则为服务型平台，其特点是业务的多线并行，商业模式与服务范围更加多元化，除传统的车货匹配服务外，还可提供软件即服务（SaaS）平台技术支持、金融、税务等多类型的增值服务，主要分为园区型、科技型与综合型三类。园区型以物流园区为切入点，专注服务园区内的专线企业。科技型平台则是以物流科技产品切入，如车载传感器、卫星定位系统、SaaS平台、数据服务等，实现技术赋能。综合型平台不仅解决物流业务方面的问题，还提供税务合规、金融保险、车后服务、资质申办等综合类服务。

未来，网络货运平台或将表现出服务综合化、多元化的趋势，通过与各环节供应商的全方位协作，提升可视化程度，进而提升平台的服务能力。同时，伴随着网络货运平台的发展，属地化管理将有所加强。

（二）智慧公路运输关键技术

1. 智能算法

随着算力基础设施以及人工智能算法的快速发展，知识图谱、深度学习等人工智能算法技术逐步应用于公路运输调度与公路货运定价当中。以某货运公司为例，其主营业务是为制造业提供专业的第三方物流服务，包括整体方案设计、仓储、运输、配送的一系列服务，服务领域为电器、食品、纺织等。由于产品种类繁多，供应商分布分散，运输配送难度较大。而合同物流通常采用招标形式，运价的测算与制定难度较大，人工测算或将导致亏损。因此公司积极应用智能技术优化定价测算模型，最终通过神经网络（GA-BP）模型实现了运价的快速计算与结果优化，获得了较大的经济效益。

2．自动驾驶技术

自动驾驶技术目前在智慧公路运输中已有应用，如无人卡车。无人卡车是一种通过计算机和网络系统实现无人驾驶的新型智能卡车。在5G技术快速普及发展的今天，自动驾驶技术得以迅猛发展。自动驾驶车辆能够提高驾驶安全性，将人为因素的风险进一步降低，避免因驾驶员的失误而造成的交通事故，同时也可以减少酒后驾驶、恶意驾驶等行为的出现。此外，自动驾驶车辆可以通过其控制系统找到加速、减速、制动的最优方式，进而提高能源利用率，实现节能减排。但是，受目前科技水平的限制，智能系统难以超越人类的判断与认知水平，故而自动驾驶仍有较大的发展空间。

北奔重型汽车集团研发的L4级别无人驾驶电动卡车突破以往的设计理念，采用大扭矩驱动电机+大速比后桥的动力传动布局，同时该车装备了先进的光学和超声探测雷达设备，能够实现在划定区域内的L4级别无人驾驶作业。全车传感器采用冗余布置的思路，雷达探测区域互补，确保单个雷达故障不影响车辆对周围障碍物的探测，安全性能好。同时，车辆采用人工智能深度学习和多传感器融合算法，自动驾驶系统具备大数据分析能力，还可以与码头管理系统（TOS）深度融合，实现远程监控、智能调度和智能诊断，在异常情况时可远程控制牵引车。

3．无人机技术

无人机技术是指通过无线电遥控装置和配套的程序控制设备来操纵无人驾驶低空飞行器将包裹运输到目的地的运输技术。其最大的优点是可以有效解决一些偏远地区配送中遇到的问题，提高了配送效率，同时也降低了人力成本。它的缺点主要表现在恶劣天气条件下，无人机或将无法完成送货任务，同时无法避免在飞行中被人为损害等（见图5.1）。目前无人机在快递领域应用较多，如顺丰快递和圆通快递等。新冠肺炎疫情暴发后，因担忧在传统配送过程中难以保持安全距离，谷歌派出了无人机上场，业务量大增。

无人机采用八旋翼飞行器，配有卫星定位自控导航系统、卫星定位接收器、各种传感器以及无线信号发收装置。无人机具有卫星定位自控导航、定点悬浮、人工控制等多种飞行模式，集成了三轴加速度

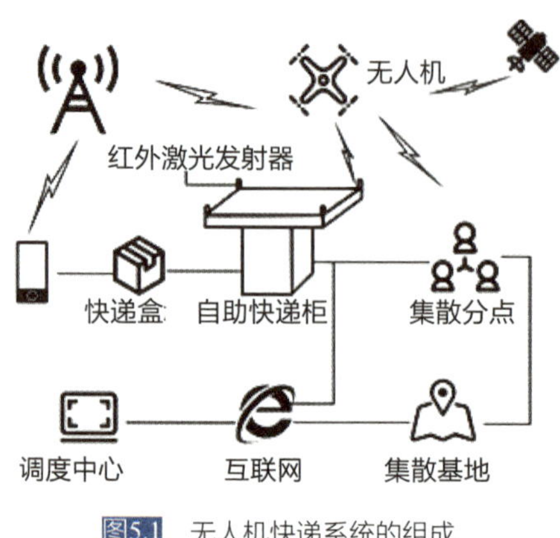

图5.1　无人机快递系统的组成

计、三轴陀螺仪、磁力计、气压高度计等多种高精度传感器和先进的控制算法[1]。无人机配有黑匣子，以记录状态信息。同时无人机还具有失控保护功能，在失控状态时自动保持精确悬停，失控超时就近飞往快递集散点。无人机通过4G网络和无线电通信遥感技术与调度中心和自助快递柜等进行数据传输，实时地向调度中心发送地理坐标和状态信息，接收调度中心发来的指令。在接收到目的地坐标后采用卫星定位自控导航模式飞行，在进入目标区域后向目的快递柜发出着陆请求、本机任务报告和本机运行状态报告，在收到着陆请求应答之后，由快递柜指引无人机在快递柜顶端停机平台着陆、装卸快递和快速充电。如发出请求、无应答超时之后，无人机将再次向目的收发柜发送请求，三次超时以后会向调度中心发送着陆请求异常报告、本机任务状态报告和本机运行状态报告，请求指令。无人机在与调度中心失去联系或者出现异常故障之后将自行飞往快递集散分点。

无人机的劣势也比较明显。飞行高度一旦达到1 000米即有可能危及正常航行中的飞机行驶安全。无人机的大规模应用意味着需要申请大量航线，在目前情况下并不现实。同时，安全问题更是有关部门特别重视的一个因素。在管理部门看来，无人机的商用或将加大隐私泄露、恐怖袭击等治安隐患[2]。受天气等因素影响，无人机还存在随时坠落、旋翼等部件伤人的风险等。但无人机市场的繁荣已经促使国内相关部门加速制定相关飞行标准，经过多方努力，将会逐步推动无人机行业

[1] 赵晨阳，陈增，牛智越. 小型无人机在配送服务中的应用［J］. 现代企业，2019（4）.

[2] 杨蕾. 无人机配送不是普遍的物流需求［J］. 中国储运，2016（4）.

的飞行标准化以及合规化。

4．配送机器人

在丰富多样的应用机器人行业中，短途配送是重要的分支。配送机器人具备智能感知（避让等）、路线规划等功能。随着技术的发展和产业链的逐渐完善，配送机器人得到快速发展，特别是新冠疫情暴发后，搭载各类不同功能的机器人在诸如消毒杀菌、运输配送、安防巡逻等场景得到广泛运用。各大城市区域，如校园、园区、社区、公园、工厂等都有无人配送车辆上线，运送包含快递、餐饮、防疫物资等（见表5.1）。

表 5.1　各类配送机器人产品应用情况

企业	相关产品	应用概况
阿里	菜鸟“小 G”	2015 年年底阿里菜鸟网络组建“E.T. 物流实验室”，自主研发前沿科技，2019 年在成都未来园区落地，并助力疫情防控
	达摩院“小蛮驴”	2017 年 10 月阿里达摩院成立，2020 年 9 月，“小蛮驴”无人车首次推出，之后在浙江各大校区园区落地应用
百度	阿波罗（Apollo）物流车	百度 Apollo 平台提供低速自动驾驶套件，为配送机器人的开发提供生态支持。目前多家无人配送车公司如新石器、智行者等应用该平台进行产品开发
美团	美团无人配送车	2016 开始研发无人配送，内部产品已经迭代到第五代，2018 年在雄安新区正式投入试运营
新石器	新石器无人物流车	2016 年开始研发无人车，目前已经在中国的北京、上海、广州、深圳、西安和厦门以及新加坡、德国、瑞士、阿联酋、沙特阿拉伯和泰国等几百个办公园区、公园、校园、中央商务区（CBD）核心区落地应用

（续表）

企业	相关产品	应用概况
白犀牛	白犀牛无人配送车	2019 年在北京智能驾驶示范区测试，开始常态化运营路测，2020 年支援武汉疫情防控，协助武汉光谷方舱医院运送药物物资
驭势科技	无人物流车	2019 年，驭势科技携手上汽通用五菱在宝骏基地开展无人物流常态化运营，在香港国际机场实现常态化运营，成为世界首个机场无人驾驶物流车运营项目
行深智能	绝地系列无人车	2018 年，行深智能无人车上路，成为市面上最先上路的无人配送车，绝地系列无人车投放景区公园运行
中国邮政	“汉马”无人快递车	2019 年 6 月，中国邮政研发的无人投递车在北京进行测试和实验工作；同年 9 月，中国邮政自主研发的智能无人投递车在湖北省仙桃市投入商业运营
京东	京东智能配送机器人	2020 年 2 月，京东物流的智能配送机器人完成在武汉的首单配送，将医疗和生活物资从京东物流武汉仁和站运送至武汉第九医院
小狮科技	小狮科技无人防疫系列“战车”	疫情期间，在武汉部分园区及街道提供无人化、非接触式的智慧配送
智行者	“蜗必达”无人物流车	2017 年进驻清华大学开始常态化测试，2019 年完成了 1257 千米外远程操控的“送咖啡”的壮举，轰动业界内外
深兰科技	“小蚂哥”物流机器人	2014 年深兰科技创立并快速成长，2018 年年底，深兰科技“小蚂哥”无人配送物流车实现大规模落地，日配送曾超 1000 单
优地科技	优地配送机器人	优地科技 2013 年成立于深圳，目前，优地机器人业务遍布北京、上海、广州、深圳、东莞、杭州、重庆等地，并与美团合作餐饮配送业务
德邦快递	德邦“小 D Plus”	2020 年 11 月，德邦快递无人车“小 D Plus”进驻广东财经大学华商学院，为在校学生提供无人智慧快递服务

（续表）

企业	相关产品	应用概况
有个机器人（YOGO ROBOT）	YOGO ROBOT 智能配送机器人	2015 年，YOGO ROBOT 正式成立，专注于末端配送行业的赋能工作，截至 2020 年，YOGO ROBOT 已在全球投入了上百台配送机器人，应用于楼宇、酒店等地进行配送服务
苏宁物流	“卧龙一号”无人配送车	2019 年 2 月，苏宁物流与苏宁小店协同，围绕 3 千米即时配送业务组建无人配送保障小组，苏州是无人车配送的第一站
一清创新	“夸父”无人物流车	一清创新自主研发的无人物流车“夸父”疫情期间在山东某市区运送蔬菜，在深圳坪山也有落地应用
真机智能	“小黄马”无人配送机器人	2016 年，真机智能第一代产品上线，截至 2020 年，已迭代到第五代，并服务于 90 多家客户。2020 年，真机智能将其无人机器人系列投入抗疫一线，其中就包括无人配送机器人
易成	易成无人配送车	2017 年成立至今，易系列 L4 作业车已经实现常态化运营，2020 年深圳易成进行 L4 级无人车超车演示

5．飞翼车

飞翼车基于普通厢式货车的底盘改造而成，能通过动力弹簧、手动装置或液压装置，开启车厢两侧翼板。该车顶部、前板后门结构同铁瓦楞厢式车，侧边由翻转板、上边板、下边板组成。车两翼侧板可升降、开启90°，使两侧部位完全敞开，极大提升货物装卸效率（见图5.2）。主要可用于汽车配件、纸张、家电、服装、化工产品以及快销品的运输和配送。

图5.2　飞翼车

双层飞翼厢式货车配合全托盘化运输能极大提高运输效率，并降低成本。杭州大恩物联有限公司通过采用双侧飞翼车厢设计有效减少了货物压损，避免货物之间的挤压碰撞[1]。全程机械化搬运杜绝了货物抛摔情况的出现，提升效率的同时能有效保证货物装卸安全。以一辆17.5米厢车为例，其装卸时间从4小时缩减至1小时，节约装卸时间75%，每天可增加车辆行驶里程达300千米，分拨错峰操作能力增加1倍。

二、智慧铁路运输

智慧铁路运输在全面应用云计算、物联网、大数据、人工智能、

[1] 浙江经济信息中心．浙江省物流企业绿色技术应用与实践指南［M］．杭州：浙江工商大学出版社，2020.

机器人、5G、北斗卫星导航、建筑信息建模（BIM）等新技术的基础上，通过对铁路移动装备、固定基础设施及相关内外部环境信息的全面感知、泛在互联、融合处理、主动学习和科学决策，高效综合利用铁路所有移动、固定、空间、时间和人力等资源，实现铁路运输全过程的高度信息化、自动化、智能化，打造更加安全可靠、经济高效、方便快捷、节能环保的新一代铁路运输系统[1]。

（一）智慧铁路运输主要特征

1. 全面感知

利用无线射频识别、传感器、定位器等技术随时随地进行信息采集，对铁路运输系统中移动设备、固定设施、自然环境和其他相关要素等进行全方位的铁路信息采集检测和视觉感知。

2. 交互共享

通过信息网络对接收到的感知信息进行实时远程传送，实现信息的交互和共享，并进行各种有效处理。

3. 智能决策

充分利用时间、空间的多源、异构传感器数据资源，积累大量数据和知识，解决数据不一致、不完整的问题。利用机器学习等各种智能计算技术，对随时接收到的跨地域、跨行业、跨部门的海量数据和

[1] 张娜. 探索新时代智能铁路发展路径——以呼张高铁对接“智能京张”为例［J］. 理论学习与探索，2019（6）.

信息进行分析处理。从海量数据中提出决策信息，辅助运营管理和经营决策。

（二）智慧铁路运输关键技术及应用

1. 智慧铁路运输系统

智慧铁路的发展与其他运输方式不同。例如，在公路运输中，定位系统可以辅助驾驶员选择最优行驶路线。但在铁路运输中，各列车只能按特定路线运行，列车在区段的具体位置和行驶速度等信息都由调度员掌握，列车司机只需按调度命令行驶。在智能决策方面，公路智能化交通能为驾驶员提供实时路况信息，优化其决策，使得驾驶员能快速、舒适地到达目的地。而智慧铁路的智慧化更多体现在调度指挥的智能化，以保证不同区段的列车能以最高允许速度行驶，提高区段通过能力，以及突发事故发生时立即响应的能力，如变更运行图，使全路列车的运行能够迅速恢复至正常状态等，以提高铁路运行的效益。因此，智慧铁路运输需要结合物联网技术，通过各种信息采集设备自动化地采集数据，并进行整合、分析、计算和决策，从而实现远程监控和控制[1]。

智慧铁路运输系统由智能感知层、智能传输层、数据资源层、智能决策层、智能应用层等组成。

[1] 张娜. 探索新时代智能铁路发展路径——以呼张高铁对接“智能京张”为例［J］. 理论学习与探索，2019（6）.

智能感知层的功能是识别物体、采集信息，即通过传感网、物联网等多种手段，自动获取铁路行车状态、设备健康状况、自然环境条件等信息，全方位了解整个铁路运输系统的运行情况，为上层的精细化管理提供支撑。作为构建智慧铁路的基础，智能感知层的采集方式多样化及泛在化是其重要特征。信息采集设备主要包括传感网、物联网、全球定位系统、综合视频、红外监测等[1]。

智能传输层的功能是将感知层采集到的信息，通过各种网络技术进行汇集、整合，以供进一步智能分析及利用。广泛互联、可靠传递是对智能传输层的基本诉求，需要各种有线、无线网络与互联网融合。智能传输层采用的主要技术包括铁路信息网络的IPV4/IPV6技术、Wi-Fi网络、3G/4G网络等。

数据资源层的功能是通过对采集到的铁路内外部相关数据进行智能分析和处理，分析、识别出隐含的有意义的信息，从而获取对事物状态及发展趋势更深刻的认识，为决策判断提供科学的依据。

智能决策层的功能是将数据资源层的各类数据，通过智能技术进行分析，将数据转化为知识，并快速准确地提供报表、仪表盘、3D等可视化方式进行全局展示，辅助铁路业务经营决策。智能决策层采用的主要技术包括大数据技术、机器学习技术、交互学习技术、可视化技术等。

智能应用层的功能是对铁路运输系统进行控制、改造、优化，是智能化与铁路业务分工的深度融合，形成各业务领域的智能化子系统。基于智能决策层的分析结果，可提升运输组织效率、提高安全保

[1] 王同军. 智能铁路总体架构与发展展望［J］. 铁路计算机应用，2018，27（7）.

障能力、推动业务模式创新。

2．智慧铁路运输系统的应用

智慧铁路运输系统应用主要包括自主化列控系统、自主化高速铁路自动驾驶系统、智能列车运行调度集中系统、自主化计算机联锁系统、自主化城市轨道交通列控系统、编组站综合自动化系统、高速铁路地震监测预警系统、基于BIM+GIS铁路工程管理平台、铁路集装箱站场装卸自动化远程智能控制系统等。

自主化列控系统即基于通信的列车控制系统（CBTC），旨在实现更高的安全性、更高的效率和成本优化来不断提高运营质量[1]。

自主化高速铁路自动驾驶系统是保障高速列车安全运行、提高运输效率的核心安全装备，该系统依据中国列控标准，彻底解决既有设备运营与维护中遇到的难以突破的问题，提升中国列控装备的国际竞争力和信息安全等级[2]。主要由计算机联锁（CBI）、列控中心（TCC）、无线闭塞中心（RBC）、临时限速服务器（TSRS）、自动防护设备（ATP）等组成。

智能列车运行调度集中系统（CTC）是整个铁路运输的中枢系统，是保障铁路安全、有序运行的基础。其目标是利用大数据、机器学习、物联网等智能技术构建一个信息泛在互联、具备智能决策、自主适应能力的智能化系统。CTC由五个层面组成，自底向上可分为感知层、传输层、数据层、平台层以及应用层，可以实现信息的采集、

[1] Ahmed Miske El Hardrami，刘会明．轨道交通的自主化列车控制和自主化运营［J］．城市轨道交通研究，2018，21（5）.

[2] 贺正楚，曹德，吴艳．中国高铁全产业链“走出去”战略研究［J］．东莞理工学报，2018，25（2）.

传输、处理、存储与使用。

自主化计算机联锁系统，是我国第一个自主研发成功的、采用二乘二取二安全冗余结构的高安全等级新一代计算机联锁系统。系统核心部分由Ⅰ、Ⅱ两系组成，各系全面采用具有双重独立比较器的二取二安全冗余结构，双系构成对等的互为热备的可靠性冗余。系统的I/O单元采用智能化、两重系比较和动、静态结合的故障—安全设计，配合控制驱动电源的整体安全性防护设计直接驱动偏极继电器，可确保在多重故障和整体击穿情况下的系统安全。

编组站综合自动化系统是以信息集成为核心，利用电子计算机控制、监控、调度、管理编组站的各种行车、调车等作业并辅助相关决策的系统。该系统通过将应用多年的车站联锁、驼峰自动化、调机自动化、停车器控制等子系统创新整合，实现行车系统与计划系统的有机结合以及数据层、决策层和执行层的统一管理，大幅提高了车站计划的兑现率、提高了编组改变能力。

高速铁路地震监测预警系统根据地震台站实时测定的地震动参数，以及由地震初至信息快速估算的地震基本参数，进而确定地震影响范围及警报等级[1]。在破坏性地震波到达之前，向地震影响范围内的本地及异地铁路发送地震紧急处置信息，联动触发相关系统对运行的列车采取有效的紧急处置措施。在对预警信息真实性进行判别后，可通过自动发布或人工操作进行地震警报解除。系统主要由数据中心、

[1] 王开锋，张琦，李辉，高莺，陈宁宁．适用于高速铁路地震预警系统的列车无线指纹定位方法［J］．中国铁道科学，2018，39（4）．

监控单元、牵变接口、信号接口、地震计等构成，具备地震监测、牵变触发和信号触发等功能。监控单元具体功能可根据工程实际情况进行配置，包括地震监测、地震事件记录、P波预警、阈值报警、误报解除、设备状态监测、隔离、维护管理等功能。

基于BIM+GIS铁路工程管理平台：通过微服务模式建立整体架构，围绕"标准流程+三维场景"这一思路开展设计，将每项业务功能独立剥离出来，从而能够实现对于铁路项目全过程工程管理的通用服务模块[1]。这一模式与传统架构有着明显区别，具有高并发、高可用性、自由伸缩、负载均衡和故障转移等优势。

铁路集装箱站场装卸自动化远程智能控制系统：使用门吊大小车与集卡定位、铁路车辆信息采集等智能控制功能，将找箱、吊箱、落箱等作业流程智能化与自动化，提升效率与准确率。这一技术的应用有助于提高铁路站场自动化、作业效率及安全管理水平，减轻作业人员劳动强度，降低作业成本，提升安全保障。

三、智慧水路运输

智慧水路运输也被称之为智慧航运，作为航运各要素与当代信息数据技术深度融合后诞生的新型业态，主要包括智能船舶运输、智慧

[1] 石硕，倪苇．基于BIM+GIS技术的铁路工程管理系统研发与应用［J］．铁路技术创新，2020（4）．

港口运输、智慧航道及支撑系统等。

（一）智能船舶运输

智能船舶运输是指利用各类传感设备、通信设备、互联网等技术手段，自动感知并获得船舶自身、海洋环境、岸基信息等各方面数据，同时基于计算机技术、自动控制技术、大数据处理技术、智能分析技术，在船舶航行、管理、养护、货物运输等方面实现智能化运行，以使船舶更加安全、环保、经济和高效。中国船级社组织编制并于2020年3月1日正式生效的《智能船舶规范》将智能船舶划分为智能航行、智能船体、智能机舱、智能能效管理、智能货物管理和智能集成平台、运程控制船舶与自主操作船舶八大功能模块，从感知、分析、评估、诊断、预测、决策支持、自主响应实施等多个维度提出了相应的要求。当前，智能船舶的关键技术主要集中在信息感知、通信导航、能效控制等七个方面。

1. 信息感知技术

船舶信息感知是指船舶能够基于各种传感设备、传感网络和信息处理设备，获取船舶自身和环境信息，包括船舶航速、航向、时空位置等，使船舶航行能够更安全、可靠的一种技术手段[1]。目前，常用的船舶状态感知技术手段有雷达、船舶自动识别系统（AIS）、全球定位系统、闭路电视系统等。

[1] 桂傲然. 智能船舶七大关键技术［J］. 中国船检，2019（4）.

2．通信导航技术

通信导航技术是综合运用各种技术手段来实现船舶上各系统设备、船舶与岸站、船舶与航标之间的信息交互，从而通过航位推算、无线电信号、惯性解算、地图匹配、卫星定位等多方式组合以达到确定运载体的动态状态和位置等参数的综合技术。

3．能效控制技术

能效控制技术也称船舶能效管理控制计划，是通过对能效指标进行分析和汇总整理，指导船舶能效管理（航线设计、航速、船舶浮态、动力设备）和人员培训等技术措施的改善，最终实现减排提效的技术手段。见表5.2。

表 5.2　全船智能能效管理概览

船舶能效在线监测	主要耗能设备数据实时采集
	数据传输与存储
船舶能效数据分析与评估	船舶能效及排放指标自动计算
	耗能设备、船舶能效实时评估
	船舶能耗分布分析
船舶能效智能优化技术	船舶纵倾优化
	基于纵倾优化的最佳配载
	船舶航速优化
	船舶航行绩效优化

4．航线规划技术

航线规划技术是指船舶根据航行水域交通流控制信息、前方航道船舶密度情况、公司船期信息、航道水流分布信息、航道航行难易信息，智能实时选择船舶在航道内的位置和航道，以优化航线，达到安全高效、绿色环保航行过程的技术。目前常用的航线规划方法包括：线性规划方法、混合整数规划模型、遗传算法、模拟退火、粒子群优化算法等[1]。

5．状态监测与故障诊断技术

状态监测技术是以监测设备振动发展趋势为手段的设备运行状态预报技术。通过了解设备的健康状况，判断设备是处于稳定状态或正在恶化。故障诊断技术是指在船舶机械设备运行中或基本不拆卸设备的情况下，判断被诊断对象的状态是否处于异常状态或故障状态，判断劣化状态发生的部位或零部件，以及判断故障原因，并预测状态劣化的发展趋势等的技术。

6．遇险预警救助技术

船舶遇险预警救助技术是指船舶在遭遇恶劣海况、天气或其他特殊情况时能够对船舶航行姿态进行实时监测和预警，并能在船舶发生倾覆等突发情况时自动向监控中心或周围船舶发出求救信号，指引搜救人员前往遇难遇险船舶开展救助的技术。

7．智能航行技术

智能航行是指利用计算机技术、控制技术等对感知和获得的信息

[1] 桂傲然. 智能船舶七大关键技术［J］. 中国船检，2019（4）.

进行分析和处理，对船舶航路和航速进行设计和优化。借助岸基支持中心，船舶能在开阔水域、狭窄水道、复杂环境条件下自动避碰，实现智能航行（见图5.3）。总体来看，船舶智能航行仍处于起步阶段，远程遥控和智能航行仅在小型渡轮、拖轮、试验船、训练船上开展了应用探索与功能测试。

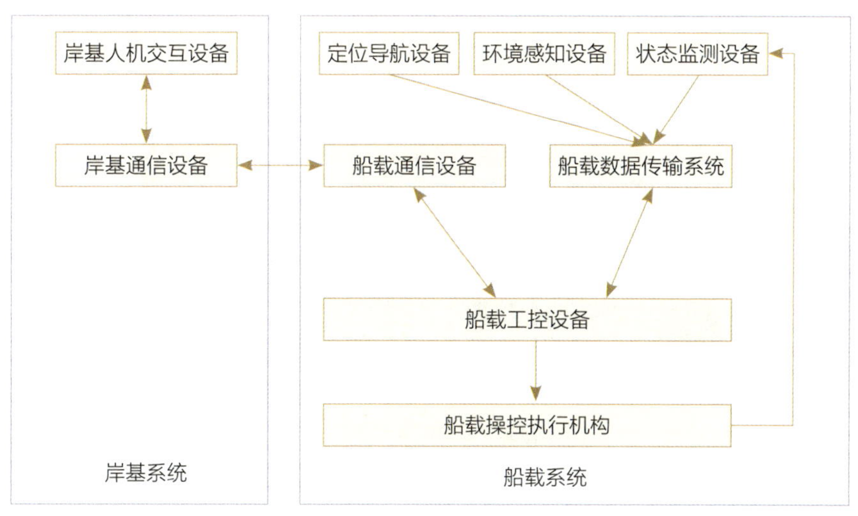

图5.3 船舶智能航行系统

（二）智慧港口运输

智慧港口是以现代化基础设施设备为基础，以云计算、大数据、物联网、移动互联网、智能控制等新一代信息技术与港口运输业务深度融合为核心，以港口运输组织服务创新为动力，以完善的体制机制、法规政策为保障，能够在更高层面上实现港口资源优化配置，满足多层次、敏捷化、高品质港口运输服务要求的，具有生产智能、管理智慧、服务柔性、保障有力等鲜明特征的现代港口运输新业态。

智慧港口的基本特征包括港口基础设施与装备的现代化、新一代信息技术与港口业务的深度融合化、港口生产运营的智能自动化、港口运营组织的协同一体化、港口运输服务的敏捷柔性化、港口管理决策的客观智慧化[1]。见图5.4。

图5.4　港口调度管理系统

（三）智慧航道及支撑系统

智慧航道是以数字航道为基础，通过智能传感器、物联网、自动控制、人工智能等技术，自动采集航道系统数据信息，利用数据处理技术，动态更新航道相关信息，实现航道规划科学化、建养智能化、管理现代化，为航运企业运输决策、船舶航行安全、海事监管、政府

[1] 段朝辉．“智慧化”破解当前港口发展难题［J］．中国船检，2017（8）．

水上应急等提供全方位、实时、精确、便捷的服务[1]。

智慧航道的研发有利于加强内河航运安全性及提升航行效率，其本质是在于建立航道与船舶之间数据信息的自动采集、传输、共享与深层次的应用。

智慧航道的关键技术包括智慧航运系统、遥测遥控技术、多功能电子航道图系统、航道信息智能处理技术等。

1．智慧航运系统

智慧航运系统是能够提供一系列动静态信息数据一体化服务的应用系统，包括指向通航船舶、船舶动态监控中心、船舶交通服务中心、水上应急指挥中心、电子航道图系统、航标遥测遥控系统等。该系统实时采集航运过程中的相关信息数据并进行分析。同时，对航运系统中各个运营主体之间的信息可实现高效实时的交换。基于云计算、大数据分析等技术手段，能够实现提效降本，提升安全性，降低风险系数。另外，通过智能航运系统的数据、决策、风险评估等服务，能够优化人员结构，提升人效，降低运营成本。

智慧航运系统的功能包括船舶动态跟踪、港口信息查询、气象信息发布与查询、电子航道图信息发布、电子航道图改正与航行通告查询、港口里程查询、航线查询、长江主要港口水情查询、长江运价指数查询、长江航运景气指数查询、长江船东满意度指数查询、航行通告查询、航路指南查询、航标通电查询、水位信息查询、潮汐信息查询、应急指南查询、事故记录查询、航运业务与法规查询、船长通告

[1] 严新平，柳晨光．智能航运系统的发展现状与趋势［J］．智能系统学报，2016，11（6）．

信息包下载、航标及其动态信息查询、过闸申报及排挡图查看等[1]。

2．遥测遥控技术

遥测遥控技术是指利用遥测技术实现远距离测量、控制和监视。在遥测遥控系统中，测量装置和执行机构设置在受控对象附近，受控对象参量的测量值通过遥测信道发向远距离的测控站，而测控站的控制指令也是通过遥测信道发向执行机构。

3．多功能电子航道图系统

多功能电子航道图系统由电子航道图生成系统、电子航道图发布系统和电子航道图应用系统等构成。其中，电子航道图生成系统包含电子航道数据库、测量数据处理、电子航道图编辑、电子航道图出版等系统。电子航道图发布系统则包括各区域航道局对内、对外发布网站以及长江航道局对内对外发布网站。电子航道图应用系统包括船舶导航、长江引航、船舶动态监控、船舶交通管理、水上应急救助指挥、水上污染监控等专用电子航道图应用系统。

4．航道信息智能处理技术

航道信息智能处理技术包括雷达图像量化及处理技术、雷达移动目标跟踪技术、船舶自动识别系统辅助交管技术、交通指挥辅助决策技术等。其中，雷达图像量化及处理技术包括雷达视频图像量化（转换成数字图像）、杂波处理（去除杂波）、陆地掩模（屏蔽陆地回波）、数字图像压缩等技术。雷达移动目标跟踪技术包括假回波去除、移动目标识别、雷达链重叠覆盖区的连续跟踪等技术。船舶自动识别系统

[1] 王娴．基于浏览器的数字港及其应用技术研究［D］．大连：大连海事大学，2009.

辅助交管技术是利用船舶自动识别系统基站接收的信息与雷达数字图像信息配合进行目标识别和跟踪的技术。交通指挥辅助决策技术是根据掌握的船舶交通动态，自动判断紧迫局面或碰撞危险、推荐避碰方案和最佳航路的技术。

四、智慧航空运输

航空运输是以航空器为载体，通过与各类运输方式相结合，使用现代信息技术，将供给者和需求者联结起来，将产品、原材料和相关数据信息从起点送到终点的全过程[1]。智慧航空运输主要特征有以市场需求为牵引的多元化、以成本效率为目标的一体化、以运载技术为基础的专业化、以“云大物智移”为核心的智慧化、以用户体验为要求的便捷化。

（一）航空货物运载方式

1. 机腹运输

客机多以圆柱形的造型为主，客机上层主要供给旅客乘坐，下层则用于放置旅客行李，在这样的安排下，下层通常都留有不少的可利用空间，而不同机型的货舱容积从几十立方米到200立方米不等。通

[1] 王鹏．广州国际航空物流产业发展战略研究［D］．广州：广东工业大学，2018.

常情况下，大型客机的前舱装板，后舱装箱，前舱的板也可以换箱，散舱位于飞机尾部。见图5.5。

图5.5 机腹运输的装卸现场

充分利用客舱内的空间可获得的利润很高。由于人工、养护以及起降、航务费用等客机运营的大部分成本已经分摊在客运业务上，因此，新增货运部分的直接成本相对单一许多，主要由货物装卸费、燃油成本、销售和管理成本构成。

2. 全货运飞机运输

全货运飞机专为装载和运输货物设计，主要通过包机或定期航班的形式承接业务，简称全货机。全货运飞机运输市场上主要以波音系列货机作为运输主力，还有少量航空公司在使用已停产的MD-11F货机进行运输。全货机在货舱底部一般设置滚轴及固定系统，特制的集装板和集装箱可以在货舱内的地板上滑动或者锁定[1]。很多民用货机由

[1] 王鹏. 广州国际航空物流产业发展战略研究［D］. 广州：广东工业大学，2018.

旧的客机改装而成：将客舱内的座椅、装饰和生活服务设施拆卸，对地板进行加强以提高地板的承压能力。

全货机的货舱一般设置较大的货舱门以方便货物进出，货门的高度大多在2米以上，宽度超过3米。货机还往往装配有起重吊车，以方便装卸货物。美国在20世纪70年代特地将一架波音747客机改装为航天飞机的载机，用支架将航天飞机背在机身上面，用来运送“哥伦比亚”号航天飞机进行转场飞行[1]。

（二）智慧航空运输关键技术

1. 基于无线射频识别的行李处理技术

以香港国际机场为例，每天行李成千上万件，每件行李上都有各自的条形码，识别准确率已高达80%，但是旅客托运的行李中，仍有约20%会出现因不能被正确识别而导致的行李误发、延迟，或损坏、丢失，或旅客办理了行李托运手续后，由于行程临时变更需要将已交付托运的行李挑出来等状况。

飞机乘客随机托运的行李上粘贴的射频识别标签中记录着旅客个人信息、出发港、到达港、航班号、停机位、起飞时间等信息。在分拣、装机、行李提取处安装电子标读写设备，通过集成航空行李处理技术，当行李通过各个节点的时候，标签读写器会读取这些信息，并上传到数据库，从而实现行李信息在运输全流程的共享和监控，实现高效、

[1] 王鹏. 广州国际航空物流产业发展战略研究［D］. 广州：广东工业大学，2018.

有序的行李分拣、定位、控制及跟踪，提升航空公司服务质量。

2．机器人智能集装系统

机器人智能集装系统是用一套将始发托运行李从行李处理系统装卸至行李车上的智能设备，用来替代现有的地勤装卸岗位，降低人工成本。系统设备由多轴机器人、夹具、体积位置传感器、标签读码器、输送设备组合以及机器视觉算法等部分组成。

3．集装存储系统

集装存储系统是一种典型的自动化物料输送控制系统，主要用来处理行李集装箱的装卸、搬运和存储[1]。系统采用现代物流、自动仓储系统（AS/RS）和机场装备自动化、物流网、智能与信息化等控制技术，通过控制集装箱的移动把集装箱行李从起始点（入口）输送到正确的目的地（出口）。机场对集装箱系统的主要功能需求包括：实现满载和空载的集装箱转运的部分或全自动化，提升集装箱转运（装卸、搬运和运输）的处理效率；实现行李集装箱的装卸、搬运和运输的全过程跟踪，减少行李装载差错率，提升运输服务质量。

五、智慧多式联运

多式联运是指两种及以上的运输方式相互连接、转运，共同完成运输任务的过程，能大大提高物流效率并且降低成本。通过将海

---

[1] 谢洪．机场自动化行李集装箱处理系统的研究［J］．物流技术与应用，2020，25（6）．

运、空运、陆运优点相结合，弥补了单一运输的各种缺点。智慧多式联运，则是指通过现代信息技术，构建多式联运的相关要素的透明连接，实现全流程的高效运输。智慧多式联运，是指通过现代信息技术，构建多式联运的相关要素的透明连接，实现全流程的高效运输。

（一）智慧多式联运特征

1．透明连接

多式联运的透明连接涉及的范围很广，但需要以运输工具、联运枢纽、承运主体这三个方面的透明连接为基础。

运输工具的透明连接。其目的是要掌握每种运输方式的每一个运输工具的状态。公路运输方面，需要通过构建物流车联网来把握每一辆车的状态。所谓物流车联网是指把车辆、司机、物流公司等运力要素透明连接起来所形成的网络。铁路运输方面，需要通过相关要素的透明连接，来把握每一次班列、每一节车厢（或车皮）的状态。这需要铁路运营部门做好透明连接的基础，然后将铁路运力的相关信息开放给多式联运的相关方。水路运输方面，水上运力相关要素的透明连接，需要船舶公司及远洋运输公司提供技术支持和数据运营支持，然后将相关信息开放给多式联运的相关方。航空运输方面，需要航空公司将货运航班信息传递给多式联运的相关方。每一种运输方式都自成体系，先要对该运输方式体系内构建要素的透明连接，然后再将各种运输方式按照多式联运的运作管理需要进行透明连接。

联运枢纽的透明连接。建立多式联运枢纽的透明连接包含两个方面：一是枢纽内部的透明连接，二是不同枢纽之间的透明连接。枢纽内部的透明连接与物流园区的透明连接类似，目的是提升枢纽的服务能力，为多式联运的货物中转提供高效的服务。此外需要建立枢纽之间的透明连接。多式联运中，货物需要通过一系列的枢纽，才能到达最终的目的地。每一个多式联运的枢纽需要接收从其他枢纽发运过来的货物，也需要将货物发往其他枢纽。把各个枢纽连接起来就是多式联运的网络。构建枢纽之间的透明连接，目的是方便各个枢纽准确预测将来的货物流量规模，也方便对货物进行追溯。基于多式联运枢纽的透明连接，再与运输工具进行透明连接，这样每一个多式联运的枢纽都可以准确预知将来的一段时间内，有多少货物进港或出港，便于各枢纽做好货物中转计划。

承运主体的透明连接。多式联运的业务中存在多个服务体，需要通过构建各个服务体之间的透明连接，从而达到多式联运协同。多式联运中的服务体包括铁路公司、航空公司、远洋运输公司、港口运营公司以及各种物流公司等。承运主体之间的透明连接，核心是主体之间的业务系统对接。例如，公路运输转铁路或水路时，需要将公路运输的业务单据传递给铁路运输承运人或水路运输承运人。按多式联运服务的完整性及连贯性要求来看，货主面对的可能是单一承运人，因此需要其他相关承运人向货主提供业务执行过程的服务信息。所以先得实现各个承运主体之间的业务系统对接，才能够保证服务的完整性及连贯性。

2. 数据共享

多式联运基于数据共享驱动，因为没有任何一个单一主体或企业能全盘驾驭多式联运的资源和业务。比较科学的方式就是通过数据来驱动多式联运的运作和管理。多式联运的数据共享主要表现在以下两点：

根据货源大数据来布局多式联运的网络。对当下的多式联运而言，一方面没有直接的货源大数据，所以需要通过透明连接来积累数据；另一方面需要通过间接的货源大数据来规划多式联运网络。当多式联运互联网化之后，就会有货源的相关数据，再基于数据来优化多式联运的网络布局。

根据数据来驱动多式联运的系统运转。在多式联运互联化的条件下，各个承运主体之间、各种运输方式及联运枢纽之间已经构建了透明连接。只要货主向多式联运体系中的任意一个承运主体派发任务，就会在整个多式联运体系中产生连锁反应，进而可以实现业务流程数据驱动多式联运的多方协同和高效运作。

（二）智慧多式联运应用案例

近年来，浙江省高度重视多式联运模式，出台《浙江省推进运输结构调整三年行动计划（2018—2020年）》等文件，不断完善综合运输网络，切实提高运输组织水平，减少公路运输量，增加铁路、水路运输量。目前，浙江在空陆联运、海铁联运、水陆联运等领域已形成一些应用示范。

1．空陆联运

顺丰航空集装器空陆联运示范工程以航空枢纽（杭州）的空陆联运作为主要联运模式，包含空—公联运和空—公—铁联运两种方式。

示范工程最终目的是实现“一枢纽、两通道”的总体布局。“一枢纽”是指航空枢纽（杭州），“两通道”是指全球各地—（空运）—杭州机场—（公路）—杭州高铁站—（铁路）—江西、安徽等地区的空—公—铁联运通道，打造空陆联运体系。

“两通道”的业务衍生开来，一通道为全球各地—杭州机场—长三角城市，全球各地快递货物以集装板或专用集装箱经过空运运输至航空枢纽（杭州），在不拆板或不拆箱的情况下，转至公路箱车，经公路运输至上海、宁波、苏州等中转场地（4小时公路交通圈），在中转场拆解后，运送至客户。全程采用航空统一运单。另一通道则是指全球各地—杭州机场—杭州高铁站—我国长三角以外的城市，全球各地快递货物以集装板或专用集装箱经过空运至航空枢纽（杭州），在杭州枢纽进行拆解，装周转袋或周转箱，经公路运输至杭州高铁站，利用高铁动检车或高铁图定车，运输至安徽、江西等城市高铁站（4～8小时公路交通圈），经公路转运至中转场地，在中转场分拣后，运送至客户手中。

2．海铁联运

海铁联运采用全程“一次申报、一次查验、一次放行”的运输模式，进出口货物由铁路运到沿海港口之后直接由船舶运出，或是进口货物由船舶运输到沿海港口之后再经由铁路运出。这种模式具有运载量大、成本低、安全性高和污染排放少等优点。

宁波舟山港与中国铁路上海局集团联合首开“宁波舟山港—绍兴港双层集装箱班列”（见图5.6），最大提高铁路运输能力达38%，推动海铁联运实现高运能、高效率的新模式。同时，首次尝试“35吨型敞顶箱”，推出煤炭水铁中转“散改集”模式。

图5.6　宁波舟山港—绍兴港双层集装箱班列

3．水陆联运

升华物流园区以杭州为核心市场，面向杭州都市经济圈，辐射长三角，发挥内河港口和物流园区优势，紧紧围绕工业原材料和钢材物流，辅以油品和集装箱等物流，构建完善的展示交易、流通加工、通用仓储、保税物流、码头作业、货运配载、分拨配送、物流信息、物流商务和内河航运服务等配套功能，辐射浙江全省及苏皖赣闽临近浙江的市县，致力于打造成华东地区乃至长三角区域最大的金属材料现货交易平台。

园区依托优越的水陆交通枢纽的区位优势和杭嘉湖地区对钢铁产品巨量需求，形成钢铁物流集聚区（见图5.7）。通过多功能配套、多业集约、多式联运、多网协同、现代化管理与绿色物流理念等一系列先进做法，充分满足杭嘉湖地区钢铁商品交易、制造生产以及销售环节的物流需求，实现集约化、规模化、信息化经营，降低传统钢铁物流成本，提高物流服务水平，助推产业经济结构向高质量发展。

图5.7　升华物流园区

园区构建了水陆联运的运营模式，通过水路将货物运输到码头，通过公路运输到下游客户。通过调度中心与信息中心高效协同，优化组织方式，实现了码头业务的高效运营（见图5.8）。

图5.8　升华物流园区码头一角

六、智慧运输发展问题及趋势

（一）智慧运输发展问题

通过国家政策的大力引领以及新一代人工智能技术的持续赋能，智慧运输发展迅猛。但横向比较来看，我国物流运输的智能化水平与发达国家相比依然有一定差距。

1．智慧运输相配套的标准化体系尚待完善

健全适应自动驾驶的支撑体系，包括强化安全风险防控、加快营造良好政策环境等，主动应对由自动驾驶技术应用衍生的安全问题，优化政策和标准供给，支持产业发展；鼓励产、学、研、用各方加强技术、管理、标准、伦理等方面的交流与国际合作；加强自动驾驶科普工作，强化自动驾驶安全文化建设；做好多部门协同，推动修订相关法律法规，逐步建立适应新技术发展的政策法规体系等。

2．智慧运输相关技术、自动化设施有待进一步开发与应用

如自动驾驶方面，如何统筹科研资源，围绕自动驾驶在行业应用方面的关键技术攻关、完善测试评价方法和测试技术体系、研究混行交通监测和管控方法、持续推进行业科研能力建设等；如何提升道路基础设施智能化水平，加强基础设施智能化发展规划研究、有序推进基础设施智能化建设等，推动基础设施数字转型、智能升级，促进道路基础设施、载运工具、运输管理和服务、交通管控系统等互联互通；如何推动自动驾驶技术试点和示范应用，支持开展自动驾驶载货运输服务、稳步推动自动驾驶客运出行服务、鼓励自动驾驶新业态发展等；鼓励按照从封闭场景到开放环境、从物流运输到客运出行的路径，深化技术试点示范等，都是当前智慧运输发展中遇到的技术性、操作性问题。

3．智慧运输相关政策有待进一步完善和落实

物流是开放、复合型产业，运输物流服务于生产、生活各方面，产业链条较长，涉及环节和主体较多，运输智慧化发展对上下游之间、各运输主体之间的联动、全过程溯源、动态化监测和信息共享等方面提出了较高要求。针对智慧运输的发展要求，如何建立相配套的智慧运输标准化体系，为智慧运输各主体之间高效协同，各环节之间运输的顺畅流转保驾护航，是当前智慧运输发展中的一个重要问题。特别是随着互联网技术的不断发展及应用，智慧化已成为运输过程的重要表现形式。迫切需要完善现有的标准体系，统筹梳理并完善甚至新建一些相关的标准，从技术、管理等不同维度、不同层面把智慧运输相关的信息资源串联起来，以更好地促进和服务智慧运输高质量发展。

（二）智慧运输发展趋势

智慧运输作为现代物流产业发展的重要领域，正越来越多地受到各方重视，发展越来越快，可清晰看到智慧运输呈现出以下趋势：

1．运输模式更加绿色化

近年来，国家层面通过出台相关激励政策，开展城市试点等方式积极推进绿色交通运输建设。伴随着科学技术不断创新，绿色交通成为交通运输发展的新要求，节能减排成为智慧运输发展的核心要点。大力发展物联网、车联网等新型技术，提升车辆运行效率；重视智能汽车的研发，提升车辆智能化水平，加强车辆的智能化管理；积极采用混合动力汽车、替代料车等节能环保型营运车辆；构建绿色“慢行交通”系统，提高公共交通和非机动化出行的吸引力；构建绿色交通技术体系，促进客货运输市场的电子化、网络化，提高运输效率，降低能源消耗，实现技术性节能减排。

2．运输工具更加物联网化

新兴技术使得物联网的应用场景更为宽广。传感技术的快速发展使得智慧运输对外部环境要素的感知更加丰富精准。云计算和大数据技术为迅速增长的海量数据提供了强大的存储能力、快速的计算能力及科学的分析研判能力。智慧运输将在云计算和大数据的支撑下，大幅提升及时性、主动性和预见性。人工智能让交通运输管理和服务的各环节都更具智慧，颠覆传统交通管理和服务思维。

利用各类传感器、移动终端或电子标签等智能设备与工具，实现对外部环境更加丰富、细致的环境感知与数据采集。同时，为人、车、路、货、系统等角色要素之间的互联互通以及智能决策与控制奠定了基础。智慧化的公路、水路航道、铁路、航空等的快速发展，使企业、政府在内各个层级的管理者能够对交通基础设施、运输装备、场站设备等的运行情况和外部环境有更加全面、及时、准确的了解。

利用云计算、大数据等技术工具，提升交通管理系统的效率与效能。根据相关统计，我国交通运输行业每年产生的数据量在百拍字节

（PB）级别，存储量预计可达到数十拍字节。以北京市交通运行监测调度中心（TOCC）来看，目前该中心共包括6 000多项静动态数据、6万多路视频，其静动态数据存储达到20太字节（TB），每天数据增量达30吉字节（GB）左右。云计算、大数据等技术工具基于通过对现实世界的系统模拟和预测判断，能够从海量数据中快速、准确提取出高价值信息，为管理决策人员提供应需而变的解决方案。

人工智能与交通运输深度融合是实现交通强国目标的有效途径。2017年7月，国务院下发《新一代人工智能发展规划》，明确要求“大力发展自动驾驶汽车和轨道交通系统，加强车载感知、自动驾驶、车联网、物联网等技术集成和配套，开发交通智能感知系统，形成我国自主的自动驾驶平台技术体系和产品总成能力，探索自动驾驶汽车共享模式”；同时要“发展消费类和商用类无人机、无人船，建立试验鉴定、测试、竞技等专业化服务体系，完善空域、水域管理措施”。推动运输行业人工智能发展和应用，能够为行业高质量发展添薪续力、增强动能。

3．参与主体趋向多元化

智慧交通运输建设不再是政府部门的独角戏，交通运输企业、交通设备制造企业、互联网企业、运营商和公众均将以不同方式更多地参与其中。政府将更多考虑政策创新、信息公开和市场公正，交通运输企业将在不断提升自身业务信息化水平的过程中悄然为更大范围、更大程度的智慧运输打牢基础，交通设备制造企业将不断提高设备的智能化水平，打造功能更强大的智慧运输神经末梢，互联网企业将发挥更多作用，肩负着交通行业变革的使命，运营商将发挥自身强大无线网络的优势，共享优势资源，公众将担当出资者、建设者和监督者的角色，各方紧密合作，共同投入智慧交通运输建设。

互联网巨头们，特别以百度、阿里和腾讯为代表，在地图、导航及交通等领域均有较大动作。其中，阿里巴巴投资易图通、全资收购高德、设立菜鸟网络子公司、积极参股多家快递与国际物流公司，通过商业场景与移动支付工具深度布局交通物流产业；百度作为国内地图服务的顶尖企业，积极与交通管理部门战略联动盘活交通运输大数据，保障运输畅通；腾讯收购科菱航睿、与四维图新合作、推出车联网硬件产品。互联网企业拥有强大的技术背景、数据沉淀以及相应的互联网思维，在发展智慧物流过程中将起到重要作用，也将会对交通行业商业模式创新产生重大影响。

三大通信运营商与政府建立合作关系，依托政府权威数据后台，推出了多种智慧物流相关的软硬件产品。如广州市政府与运营商联手合作推出了“行讯通”应用程序，这种“运营商—政府”模式，很好地共享了各方优势，运营商能够提供快速流畅的无线网络支持和用户群体，政府则提供了强大的交通信息数据。此外，在5G迅速发展的背景下，运营商积极参与智慧园区与智慧港口的建设，助力物流枢纽网络化、无人化发展。

用户体验将是未来智慧运输领域关注的重中之重。从用户出发，以用户为根本的用户思维将成为智慧运输建设运营中的主旋律。公众将担当着出资者、建设者、监督者的角色，既为高质量市场化的智慧运输服务提供资金支持，也是行业的重要参与者与需求提供者，更扮演了智慧运输项目与服务的监督者。

第六章

智慧仓储与智慧物流园区

仓储是物流运作中非常重要的环节之一。伴随着数字技术的迅猛发展，人工智能、大数据、物联网、机器人等技术在仓储的诸多场景实现落地应用，促进了企业与行业的降本、提效、增能。与此同时，物流园区既是仓储业务的重要承接节点，又是物流产业的聚焦点，也是多种物流服务模态转换和物流功能集中体现的核心枢纽，在数字化浪潮的推动下，也迎来了智慧化的发展新阶段。本章围绕着智慧仓储与智慧物流园区展开，介绍其概念、特征、功能、关键系统与技术、发展问题及发展趋势等。

一、智慧仓储

传统仓储管理中由于数据的产生与处理方式往往以人为主，人工录入、人工点验等人工仓储作业的方式效率低下，差错率高，无法快速响应用户需求。随着机器人、人工智能、物联网等数字技术应用比例越来越高，智慧仓储呈现出极为不同的面貌——可穿戴装置、射频识别（RFID）、智能传感器等物联网装备以及大数据平台、机器人等智能系统广泛应用于物流仓储的拣货、搬运、管理等环节，数据的产生、流通与处理实现了自动化。仓储信息实现了快速生成、自动识别及智能处理，全面提高货物出入库、盘库、移库环节的效率与仓储资源协调能力，显著降低管理成本。

（一）智慧仓储概念与特征

智慧仓储是仓储管理发展的高级阶段，是智慧物流的重要节点。仓储数据通过物联网、自动化设备、仓库管理系统（WMS）、仓储控制系统（WCS），实现对数据的提取、运算、分析、优化、决策，从而达到对仓储系统的智慧管理、计划与控制。总的来看，智慧仓储具有操作数字化、储运自动化、决策智慧化三个特征。

1．仓储操作数字化

仓储操作数字化是在仓储管理业务流程再造基础上，利用射频识别设备、可穿戴辅助设备、手持智能设备等智能传感系统、网络通信技术、数据管理系统等软硬件结合实现各个库存管理业务环节上数据的自动抓取、识别与处理，从而实现仓储物理世界的数字化映射，实现数据及信息流动的自动化，进而降低仓储成本，提高仓储效率，提升仓储智慧管理能力。

2．仓储运行自动化

仓储运行自动化主要是指仓储运行的物理部分自动化，主要体现在如自动化立体仓库系统、自动分拣设备、智能分拣机器人等智能装备的广泛应用[1]。其中自动化立体仓库包括立体存储系统、穿梭车等，分拣机器人主要有关节机器人、机械手、蜘蛛手、自主移动机器人（AMR）等。随着智能感知、决策、控制技术的持续发展，智能物流装备已具有或部分具有类人的感知、决策和执行的能力并通过5G等通信技术实现了设备之间的沟通和协调，同时也实现了设备与人之间也更好的交互，从而大大减轻人力劳动的强度，提高操作的效率。目前智能物流装备系统已经成为智慧仓储系统运作的核心。

3．仓储决策智慧化

仓储决策智慧化主要是利用大数据、云计算、深度学习等技术实现货物出入库的智能预测与库存的智能调拨。通过与商贸数据的广泛融合以及对工业生产规律、个人消费习惯的深度挖掘，实现对货物市场需求的精准预测，从而规模化地提升了仓储空间的利用效率，降低了商品库存及备货周期。目前技术比较成熟的企业，如京东、阿里（菜鸟）等已运用大数据进行商品的预分拣，从而大大提升了市场响应效率。

（二）智慧仓储功能

智慧仓储能够实现数据与信息的自动抓取、识别、仓储预警、智能管理以及决策自动执行等多项功能。自动抓取功能是能够实现对贴有电子标签的货物、库位、库架信息进行自动抓取，包括货物属性、库位及库架分类等，无须人工手动操作辨别。自动识别功能是指在自

[1] 王秀星．电子商务环境下智能仓储系统的应用［J］．信息技术与信息化，2015（4）．

动抓取信息的基础上，实现信息自动识别，快速校验货物出入库信息等。自动预警功能是指通过信息系统程序设定，对问题货物进行自动预警，提前应对。仓储信息智能管理功能是自动生成各类仓储单据、报表，并且进行规范统一的管理，形成数据库，为供应链决策提供信息与数据支持。仓储决策自动执行功能是指通过自动化装备，实现货物搬运、分拣等指令的自动化执行（见图6.1a和图6.1b）。

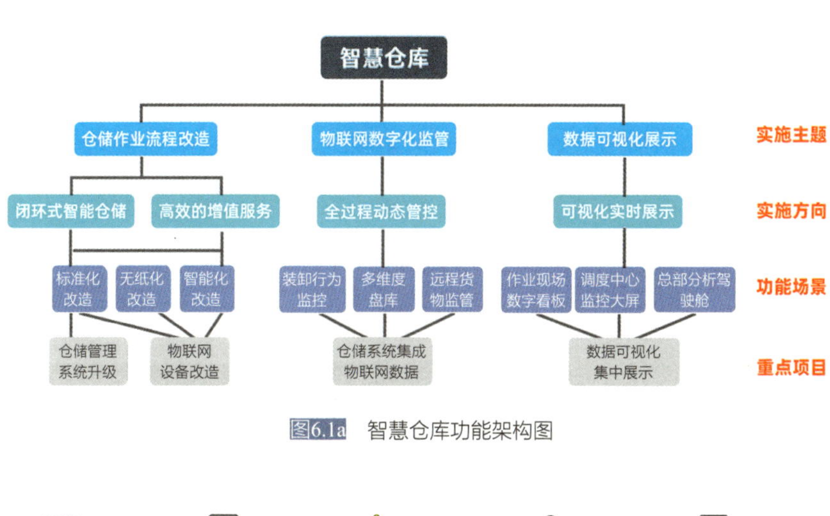

图6.1a 智慧仓库功能架构图

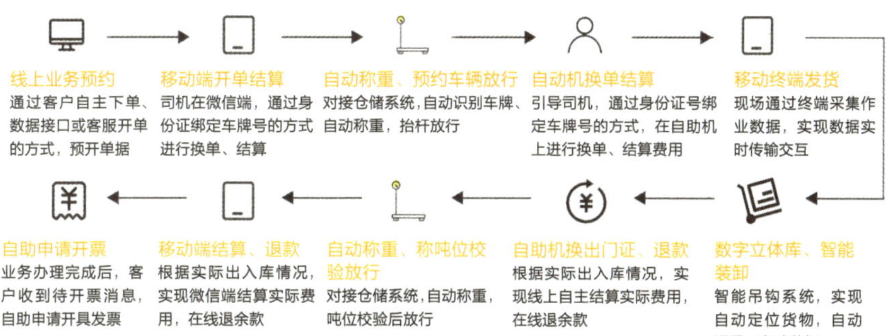

图6.1b 智慧仓库业务流程

（三）智慧仓储关键系统与技术

1．智慧仓储信息系统

智慧仓储信息系统主要包括仓储管理系统（WMS）和仓储控制系统（WCS）。

（1）仓储管理系统

仓储管理系统是货物批次管理、物料对应、库存盘点、质检管理、虚仓管理和即时库存等仓储业务综合管理的系统，可有效控制并跟踪仓库业务的物流和成本管理全过程，实现或完善企业的仓储信息管理。该系统可以独立执行库存操作，也可与其他系统的单据和凭证等结合使用，从而为企业提供闭环的货物与财务管理流程及记录。

仓储管理系统一般包括入库管理、库内管理、出库管理等功能模块。WMS系统可通过后台服务程序实现同一客户不同订单的合并和订单分配，并对基于电子标签拣货系统（PTL）、无线射频（RF）、纸箱标签方式的上架、拣选、补货、盘点、移库等操作进行统一调度和下达指令，并实时接收来自拣货系统、射频端口和终端电脑的反馈数据。整个软件业务与企业仓库物流管理各环节吻合，实现了对库存商品管理实时有效的控制。

（2）仓储控制系统

仓储控制系统是介于仓储管理系统和可编程逻辑控制器（PLC）系统之间的一层管理控制系统，能够实现多种物流设备间如输送机、堆垛机、穿梭车以及机器人、自动导引车等的协调运行。其运作原理主要通过任务引擎和消息引擎[1]，优化分解任务、分析执行路径，为上层系统的调度指令提供执行保障和优化，实现对各种设备系统接口的集成、统一调度和监控。其功能如下图6.2所示。

图6.2 仓储控制系统（WCS）功能

2．智慧仓储执行系统

智慧仓储执行系统主要用于替代原有的重复劳动，在执行层提高仓储的运行效率，降低维护成本。主要包括仓库货架系统以及仓储运输系统。

（1）自动存储/取回系统（AS/RS）货架

自动存储/取回系统（见图6.3和图6.4）通过自动化存储设备与数据管理系统的协作，达到了实现立体仓库的高层合理化、存取自动化以及操作简便化等的目的。

货架一般为钢结构或钢筋混凝土结构的结构体，将货架的内部作为货物存放位置，堆垛机可以行驶在货架间隙的通道中，既可以通过

[1] 王景刚，黄永馨．多种自动化设备协调的产线物流自动化系统研究［J］．工业控制计算机，2019，32（7）．

图6.3　自动存储/取回系统（AS/RS）货架

图6.4　自动存储/取回系统（AS/RS）货架侧面示意图

入库站台取货并根据调度任务将货物存储到指定货位，也可以在指定货位取出货物并送至出库站台。

自动存储/取回系统货架主要分类如下：

A. 通道式货架

货柜式货架：一般用于储存小件、零星货物，根据需要可有各种不同格式，其中又可分货格式及抽屉式等。这种货架一般每格都有底板，货物可直接搁置在底板上，这种货架的作业方式一般都是人工操作[1]。

托盘货架：存放装有货物托盘的货架。托盘货架所用材质多为钢材结构，也可用钢筋混凝土结构。可做单排型连接，也可做双排型连接。见图6.5。

图6.5 托盘货架

[1] 袁佳多. 仓储货架分析对比及选型［J］. 酒饮料技术装备，2020（2）.

悬臂式长形料架：又称悬臂架。它是由3～4个塔形悬臂和纵梁相连而成。分单面和双面两种，悬臂架用金属材料制造，为防止材料碰伤或产生刻痕，在金属悬臂上垫上木质衬垫，也可用橡胶带保护。悬臂架的尺寸不定，一般根据所放长形材料的尺寸大小来定其尺寸。见图6.6。

图6.6 密集型移动式货架

驶入式货架：采用钢质结构。钢柱上一定位置有向外伸出的水平突出构件，当托盘送入时，突出的构件将托盘底部的两个边托住，使托盘本身起架子横梁作用；当架上没有放托盘货物时，货架正面便成了无横梁状态，这时就形成了若干通道，可方便地出入叉车等作业车辆。

B. 密集型货架

密集型移动式货架：有移动式普通商品货架和移动式托盘货架两种。这种货架底部装有轮子，可在地面敷设的轨道上移动，固定式货架一般每两排货架需有一个通道，而移动式货架可在较多排架中只留出一条通道。通过货架移动，选择所需通道的位置，让出通道，由叉车装卸。移动货架的方式一般是电动的，但轻型移动式普通商品货架也可手动。

密集型重力式货架：分为储存整批纸箱包装商品的重力式货架和储存托盘商品的重力式货架。储存纸箱包装商品的重力式货架比较传统，由多层并列的辊道传送带所组成，通过人力来进行货品的上下架。存放托盘商品的重力式货架相对复杂。每个货架设有重力滚道两条，滚道由左右两组滚轮、导轨和缓冲装置组成。

C. 旋转式货架

旋转式货架设有电力驱动装置（驱动部分可设于货架上部，也可设于货架底座内）。货架沿着由两个直线段和两个曲线段组成的环形轨道运行。一般通过开关或小型电子计算机进行控制。在存取货物时，把货物所在货格编号经由控制盘按钮输入，该货格则以最近的距离自动旋转至拣货点停止。由于拣货路线相对较短，拣货效率则可以提高。

（2）仓储机器人

在智慧仓储作业中，各种类型、不同功能的机器人将取代人工成为主角，如自动搬运机器人、码垛机器人、拣选机器人、包装机器人等。就连自动化立体仓库中的穿梭车也可以看作搬运机器人的一种[1]。近几年比较典型的创新是自主移动机器人、料箱机器人、复合机器人等。

自主移动机器人（AMR）：相较于传统自动导引车，自主移动机器人具有感知环境、自主导航、智能避障、智能跟随等功能，可以免去人们铺导引线、贴地标线等改造环境的工作，特别是生产作业流程变更时，只需让机器人重构地图即可，节省了工人重新部署环境的成本，让室内物流更加柔性、高效。海康、极智嘉、快仓、灵动科技等诸多机器人创新企业，以及京东物流、旷视等系统集成商，均推出了不同类型的自主移动机器人，并在相应的行业实现应用。

料箱机器人：创新性地改变了传动的“货到人”作业模式，从“货架到人”到“货箱到人”，目标更精准，拣选效率提高明显，且可配合外围自动化拣选系统，实现订单全自动无人化拣选。目前，包括海柔创新的双深位料箱机器人、极智嘉的“货箱到人”机器人、国自机器人的自动导引车、牧星智能的周转箱机器人等，都是机器人企业拓展料箱机器人方面的具体实践。

复合机器人：作为新兴的物流装备，融合了智能导航的诸多关键技术，可实现物料的自动搬运、智能分拣，适应高柔性化生产模式，近几年成为机器人企业重要的研发方向。复合型机器人是基于智能移动机器人、协作机器人、视觉识别等技术的综合应用，可快速布置于工厂、仓库、超市，实现货物自动搬运、自动上下料、自动分拣等功能（见图6.7）。

[1] 任芳．无人仓需求在望技术有待突破［J］．物流技术与应用，2017，22（1）．

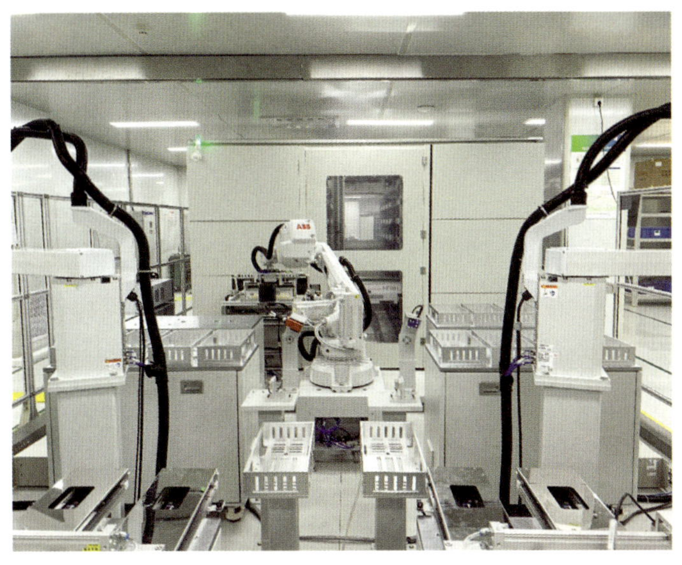

图6.7 复合机器人

多层穿梭车系统：采用立体料箱式货架，实现了货物在仓库内立体空间的存储。其运作流程为，货物入库前，经开箱后存入料箱，通过货架巷道前端的提升机将料箱送至某一层，然后由该层内的穿梭小车将货物存放至指定的货格内。当货物出库时，通过穿梭车与提升机的配合实现完成。该系统的核心也在于通过货位分配优化算法和小车调度算法的设计，均衡各巷道之间以及单个巷道内各层之间的任务量，提高设备间并行工作时间，发挥设备的最大工作效率[1]。以浙江乡情山泉有限公司的自动化密集存储系统——自动化穿梭子母立体仓库系统为例。该公司主要经营桶（瓶）装饮用水，系统主要由多层穿梭

[1] 李明，陈宁宁，王海韵，吴耀华. 智慧仓储技术分析与展望［J］. 物流技术，2017，36（9）.

货架系统、穿梭子车、穿梭母车、托盘提升机、入库搬运、入库搬运自动导引车以及出入库输送系统构成，该系统大幅度提升了存储效率和存储量。据测算，系统效率提升约40%，出入库作业量可达到每小时192托。

自动输送系统：链接着不同的物流设备与系统，从而实现货物自动搬运功能（见图6.8）。相比较前文所介绍的自动化立体库和机器人系统而言，自动输送系统技术在现阶段来说更为成熟。自动输送系统需要跟拣选机器人、码垛机器人等自动化设备等进行联动配合，同时为了保证作业准确性，输送线也需要配备更多的自动检测、识别、感知技术以及设备[1]。

图6.8 自动输送系统

[1] 任芳. 无人仓需求在望技术有待突破［J］. 物流技术与应用，2017，22（1）.

（3）自动感知识别与决策技术

智慧仓储系统的大脑与神经系统。机器人之间、机器人与整个物流系统之间、机器人与工人之间的紧密配合、协同作业，必须依靠功能强大的软件系统操纵与指挥。其中，自动感知与决策技术可谓重中之重。在智慧仓储模式下，数据将是所有动作产生的依据，数据感知技术如同为机器安装了“眼睛”，通过将所有的商品、设备等信息进行采集和识别，并迅速将这些信息转化为准确有效的数据上传至系统，系统再通过机器学习、运筹优化等算法生成决策和指令，指导各种设备自动完成物流作业[1]。其中，以数据驱动的人工智能算法目前正在系统性地解决在货物入库、上架、拣选、补货、出库等各个环节的效率与灵活性问题。

二、智慧物流园区

智慧物流园区是智慧物流系统的重要组成部分，在智慧物流园区中，通过智慧化的物流系统的应用，协调园区内部企业的运作，共享信息资源，推动物流实现智慧化、一体化、柔性化和社会化。

（一）智慧物流园区概念与特征

智慧物流园区是指面向物流产业链，应用互联网、物联网和大数

[1] 任芳. 无人仓需求在望技术有待突破［J］. 物流技术与应用，2017，22（1）.

据、人工智能等技术手段，具备大规模数据感知、传递、处理、智能分析与决策能力并能够通过系统集成与平台整合，将园区控制点与监管部门、供应链上下游各个节点企业以及相关服务机构等进行数据与信息互联，实现物流数据交换以及服务整合，从而形成能够提供全方位供应链解决方案与服务能力的物流园区[1]。

智慧物流园区是成熟物流园区转型升级的典范，顺应了信息技术创新与发展趋势，智慧园区的发展不仅提升园区的吸引力，而且促进园区可持续发展，成为物流产业发展的重要基础。智慧物流园区的基本特征主要体现在以下几个方面。

1．智慧技术泛在化

智慧型物流园区以“智慧”为理念，充分运用大数据、物联网、云计算技术，广泛采用卫星定位监控、地理信息系统服务、射频识别扫描、无线视频传送、一卡通服务等技术手段，将信息化管理覆盖到园区每个角落、每个控制点，使人、车、物从入园到离开都实现数字登记、网络查询、数据库管理，使园区业务人与车、车与货、货与路在智慧的网络中运行，实现信息撮合、服务集成。

2．整体运营智能化

智慧物流园区运营管理的智能化主要分为三个层面：一是园区管理智能化，通过车辆智能道闸系统、月台等物联网信息采集设备，使园区操作与仓库运营一体化，实现园区导航、自动打单、自动计量等；二是仓库运营管理智能化，仓库内装卸、分拣、包装等通过采用自动化设备

[1] 石荣丽．基于大数据的智慧物流园区信息平台建设［D］．广州：广东药科大学，2016.

降低人力输出，提升运作效率；三是货物管理智能化，通过仓储管理系统，打通客户端，实现数据实时共享，建立库存策略，实施安全库存与循环补货等存货管理方案，把整个物流系统和产销系统进行有效联结，做到真正的物流一体化管理，降低库存，提高服务品质。

3．资源共享平台化

智慧物流园区是各方资源的集合点，需要建立统一的服务平台与对外窗口，构建智能服务平台协调各方资源，实现运力整合，设备与人才共享等功能，通过平台化运作的模式以实现各类需求。园区借助其在产业及土地的先天优势，即物业等服务功能，以“智慧化”状态和“智能化”技术，整合资源，并实现价值最大化。概而言之，智慧物流园区最大的特征是利用物联网、云计算等先进技术将与本园区相关的物流要素、数据联结起来，从而实现物流资源与数据资源的高度共享，有效解决当下各物流园区存在的“数据孤岛”、资源浪费等问题，同时帮助园区解决在车源、交易、零担、仓储配送、后勤保障、行政服务、物业管理等方面的种种难题和困惑，全面提升物流园区的管理质量和核心竞争力。

4．产业服务全程化

智慧物流园区通过建立网络交易平台，实现业务上的精细化管理以及各方资源的协同，面向物流产业链，整合供应链上下游各个环节客户，以一站式互联网平台为载体，融合电子商务交易、货运信息交易、园区物业管理系统、园区公共服务管理系统、智能停车场、智能一卡通等子业务模块，提供有效的物流产业链全程服务，全面提升园区价值及竞争力。智慧物流园区依托全程物流电子商务平台，园区与平台双向协调，园区与园区信息共享，建设成为具有高效物流处理能力的智慧节点。

（二）智慧物流园区功能

智慧物流园区将大数据、物联网、云计算等数字技术应用于物流园区建设与管理的各个环节，通过感知节点全面采集园区各方面信息，通过信息网络实现数据有效传输与共享，通过平台和数据中心分析处理数据信息并提供决策支持，通过应用系统解决物流园区业务管理中的若干问题，从而实现物流园区的智能化、网络化、自动化、可视化、系统化。

智慧物流园区除提供传统物流园区所具有的水电气、交通、建筑等基础设施服务及日常办公服务外，还应具备以下信息化、智能化服务功能。

1. 基础功能

信息安全防护：通过安防电子监控，从摄像到图像显示和记录构成独立完整的系统，实时、形象、真实、智能地反映园区移动资产及园区固定资产的情况。

信息发布服务：通过人为操作或自动地发布物流园区及行业动态、招投标、物流培训、自适应决策方案等信息。

园区资产管理：借助大数据技术及物联网技术，实现物流园区物业收费、停车管理、档口出租等资产的现代化、信息化和智能化管理。

办公自动化服务：为入驻企业提供办公自动化服务，包括单证管理、信息传达、视频会议、业务办理、交易统计、信用评估等。

数据处理：运用大数据技术对信息平台采集与产生的数据进行分析与挖掘，并对感知层传入的数据进行过滤及存储。

2．核心功能

智慧运输管理：对订单信息及货物实时位置信息进行分析，计算最优配送方案，解决路线选择、配送顺序等问题，实现对运输资源最大化地有效利用。对园区车辆进行智能监控，实现统一集中管理和实时监控调度。

智慧仓储管理：采用传感器技术、射频识别技术、图像采集技术，实现货物入库、出库、盘点、货位、仓库环境的智能化管理（见图6.9），提高自动化作业水平。同时物流园区通过信息平台整合供应链数据，实现对大尺度空间历史数据的积累和分析，进一步赋能仓储智慧化。使得园区内的仓储管理能够综合考虑客户服务水平、库存

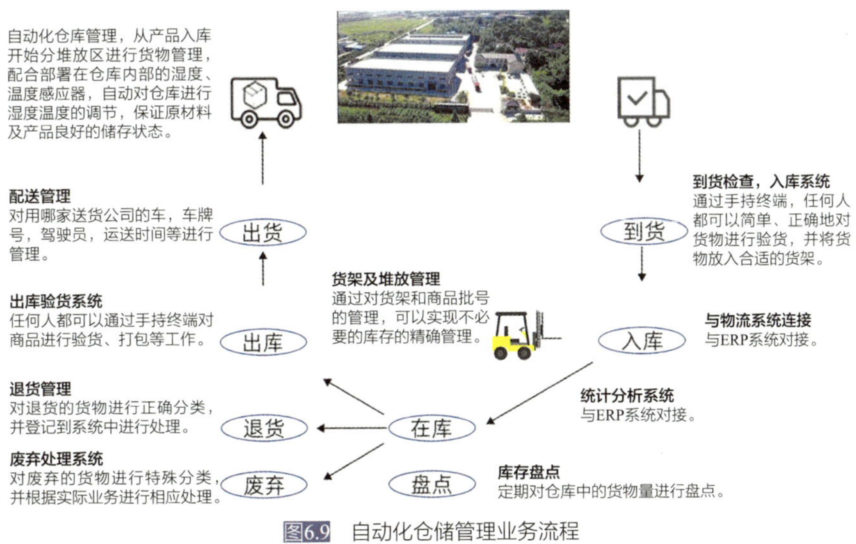

图6.9　自动化仓储管理业务流程

成本、运输成本等多种因素，达到库存效率最优。并在支持货物可追溯、可追踪，保障货品质量的同时支持逆向物流，可迅速处理缺陷货物召回以及消费者退货，将相关损害与损失降至最低。

在线交易：为用户提供线上交易平台，交易双方利用平台发布供求资讯，实现信息的及时更新。同时，用户可以在系统上直接进行下单、付款、退订等商业行为，大大提高交易效率。

交易撮合：根据客户需求、浏览记录、历史交易等在用户页面上为其推送相关资讯、个性化产品、物流企业、物流方案、车货匹配方案等，以提高交易成功率，为客户节约搜寻时间。

决策分析：通过建立数学模型，在线分析数据。在控制变量的条件下比较不同策略的优劣，并提供不同方案的结果预测，辅助管理人员制定决策。

3．拓展功能

金融服务：通过完善安全的金融服务系统，对供应链金融数据及企业信用数据进行分析及评估；通过物流信息平台网络为园区内物流企业提供诸如金融决策分析、保险、融资及质押业务等服务。

政府监控：政府部门通过监管信息系统对园区物流企业进行监管，并提供政策法规、行业标准等服务，包括网上报关、报检、许可证申请、结算、缴（退）税等，通过与政府数字系统的对接，优化行政手续办理流程，缩短业务办理时间。

环境实况识别：各种传感器连接到运载工具、物流供应链中，会产生丰富的实时环境数据，其数据集可以包含货物状况、环境温湿度、交通密度、噪声、停车位利用率等。通过大数据技术分析实时的结构化、非结构化数据，对环境实况进行识别分析，不仅可以向行业内承运商提供有价值的数据服务，而且还可以为社会提供有用的环境信息，形成新的由数据驱动的商业模式。

数据接口服务：为智慧物流园区今后的升级改造预留的标准化、可拓展的与政府、银行、其他物流园区等信息系统的数据接口，从而加强物流园区系统联动，实现园区间、园区与其他社会主体间的资源共享、业务协作，构建智慧型物流网。

（三）智慧物流园区案例

1．京东“亚洲一号”上海物流中心

京东“亚洲一号”上海物流中心位于上海市嘉定区，一期于2014年10月投入使用，建筑面积约10万平方米。该物流中心应用了全球首个全流程无人仓，从入库、上架、拣选、补货，到包装、检验、出库等物流作业流程全部实现无人化操作，具有高度自动化、智能化特征[1]。其操控全局的智能控制系统，为京东自主研发的“智慧”大脑，仓库管理、控制、分拣和配送信息系统等均由京东开发并拥有自主知识产权，整个系统均由京东总集成。

2．苏宁云仓南京物流基地

苏宁云仓是汇聚全球智慧物流技术的行业标杆项目。苏宁云仓南京物流基地2016年11月1日正式投入运营，建筑面积约20万平方米，

[1] 江宏，物流无人化发展状况与趋势展望［J］. 物流技术与应用，2019（2）.

主要负责苏宁华东地区的区域配送中心、门店、快递点以及零售客户的商品配送服务，同时向全国其他中心仓进行商品调拨，商品出货形式分为整箱和拆零。苏宁云仓实现了高度自动化、无人化、数据化、智能化，融合了全流程的智能技术，应用了全球最先进的高密度存储系统和顺序控制系统（SCS）“货到人”拣选系统，高速分拣输送线总里程达到27千米，日处理包裹最高达到181万件，拣选效率达到每人每小时1 200件，物流作业效率大幅提高，相比行业同等规模的仓库可减少员工千人以上。

3．顺丰华北航空枢纽（北京）中心

顺丰航空目前拥有以B767、B757和B737机型为主的全货机机队，构建了以深圳、杭州为双枢纽，辐射全国的航线网络。顺丰华北航空枢纽（北京）中心作为重要的物流节点，为时效快件空运、定制化包机运输等业务提供了有竞争力的航路保障。

顺丰华北航空枢纽（北京）中心以智慧物流提升空地转运效率，着力发挥航空业务优势。这一全自动分拣中心依托首都机场空港基地，实现航空快件的快速交运及互转，依托首都机场高速、二高速等快速货运通道，满足客户需求差异化的多层次货运服务。同城即日达，跨省即日达、次晨达、次日达，派送准时率得到很好保障。

4．九州通武汉东西湖现代医药物流中心

九州通医药集团筹建的东西湖现代医药物流中心于2014年正式上线运营，是全球最大单体医药物流中心，一期项目总投资3.8亿元，占地面积约2万平方米，总建筑面积达7.5万平方米，是九州通最先进的物流仓储与调度中心，业务辐射湖北全省及周边地区。

东西湖物流中心内设有入库收货作业区、楼层整件作业区、拆零作业区、自动化立体仓库、穿梭车库、冷库、精神药品库、特殊功能库房、复核作业区、出库月台作业区等功能库区，集成了自动存储/取回系统、走动调度装车系统、自动拆合盘系统、自动码（拆）操系统、自动条码复核系统、自动输送分拣系统、自动贴标系统、符合人机工学的拣选系统等众多自动化物流系统，应用了智能转向穿梭车、悬挂导轨牵引车等多种物流装备，以及无线射频识别、红外感应、编码认址、激光扫描及测距、三维影像读码、动态城中及外形检测、无接触式供电等多项先进物流技术，实现了高度的自动化作业。

5．长春一汽国际物流中心

长春一汽国际物流中心拥有17万平方米集装箱场地，仓储能力为1.2万标准箱，有5 000平方米的集装箱拆箱作业区，年吞吐能力为10万标准箱，主要业务包括集装箱业务、产前配送业务、出口包装业务、保税业务、代理报关报检等。

长春一汽国际物流中心拥有3套现代化的物流管理信息系统，分别为德国法布劳格公司开发的仓储管理系统、堆场管理系统、SAP-R3库房管理系统。该中心打造一流信息平台，为物流发展提供更有利的信息支持，有力地体现了物流中心在服务领域的技术力量与雄厚实力。

6．日日顺物流青岛仓

日日顺物流专门从事家电大件物流业务，建立物联网场景物流生态平台，为品牌商和用户提供“仓、干、配、装、揽、鉴、修、访”全链路、全流程最佳服务体验。日日顺物流青岛仓，占地面积约16万平方米，仓库总面积达7.3万平方米，主要存储产品为家用电器（如海尔冰箱、洗衣机、空调、热水器等），是国内首个大件物流智能仓。该仓依托一系列互联互通、自主控制的智能设施设备，在仓储管理系统、仓储控制系统、运输管理系统等业务运作智能系统的调度下，实现仓储、运输、配送各环节作业的智能高效运行。

7．菜鸟网络广州增城物流园区

菜鸟网络广州增城物流园区是菜鸟网络的首个全自动化仓库，占地面积超过10万平方米，具备日处理百万件商品的能力。菜鸟网络广州增城物流园采用菜鸟自主研发的WMS/WCS系统驱动，应用自动化拣选输送系统、复核包装系统、滑块分拣系统和智能拣货机器人等先进自动化设备，仅需在拣选、条码复核、分拣机监护等环节投入人力跟进，物品的运输、仓储、装卸、搬运等七个环节都可实现一体化集成。

三、智慧仓储与智慧物流园区的发展问题及发展趋势

（一）智慧仓储与智慧物流园区的发展问题

我国科技与经济的快速发展以及物流行业的旺盛需求都为现代化的智慧仓储业蓬勃发展奠定了良好的基础。同时在国家政策大力支持下，大量现代化的仓储设备与系统在行业内广泛应用。但是，智慧仓储、智慧园区仍未在我国大面积普及，整体仓储与园区的智能化水平

偏低，主要存在以下几个问题。

1．专业人才相对匮乏

智慧仓储行业参与方主要分为三类：上游是以设备与软件供应商为主，提供各类硬件设备，如输送机、分拣机、自动导引车等以及相应的软件系统；中游为系统应用的集成商，根据实际业务应用设计各类设备和软件，搭建智慧仓储管理系统；下游则为行业应用端，涉及有仓储需求的各行各业。在这样的背景下，整体行业对于人才的需求量大且要求高，不仅需要具备良好的技术能力，还要有一定的工程经验以及行业基础。这样类型的高层次复合人才培养周期长，成本高，缺口大。

2．行业内中小企业居多，资金压力较大

众所周知，仓储是物流行业当中重资产投入非常大的业态之一，与此同时，大型仓储设备与园区的信息化建设投入也十分巨大，需要有雄厚的资金实力保证系统的运作与维护。我国物流行业整体呈现小、散基本面，难以有强大的资金实力支撑，进而成为规模化发展与获取大型项目的制约因素之一。

3．标准体系尚待建立，设备智能柔性化程度尚待提高

从商品到设备的标准化体系尚有一个建立的过程，如商品条码尚未实现全国统一或有部分商品尚无条码，需要人工贴码，大大降低了整体仓储的运作效率。自动化识别向智能设备发展尚有一定空间，如分拣设备的夹具适应问题、商品图像智能识别以及边缘计算等人工智能算法仍有研发的空间。

（二）智慧仓储发展趋势

1．无人仓

无人仓指的是货物从入库、上架、拣选、补货，到包装、检验、出库等物流作业流程全部实现无人化操作，是高度自动化、智能化的仓库形态。无人仓在具备自主识别货物、追踪货物流动、自主指挥设备执行生产任务、无须人工干预等条件外，还需一个“智慧大脑”，针对无数传感器实时数据以及商业、物理等环境数据进行分析并预测未来的情况，从而形成自主决策，协调智能设备的运转。并根据任务执行反馈的信息及时调整策略，形成对作业的闭环控制。总的来看，无人仓系统具备智能感知、实时分析、精准预测、自主决策、自动控制、自主学习等特征，实现了对物理世界仓储管理的数字孪生。

从市场需求来看，一方面随着以智能制造为代表的制造业物流升级发展，以及电商行业海量订单处理对更高效率自动化系统的需求越来越大、要求越来越高，传统的物流系统已经难以满足；另一方面，随着土地成本以及人工成本的不断上涨，“机器换人”“空间换地”成为趋势，仓库无人化成为必然。从物流技术本身的发展来看，仓储系统自动化、信息化、智能化程度的不断提高，不仅大幅降低了物流作业人员的劳动强度，甚至替代人工实现更加准确、高效地作业，因此其作业效率、准确性优势不断凸显。同时，随着无人仓各类模块技术越来越成熟，应用越来越广泛，其成本也将得到有效降低，投资回报率不断提高。

无人仓重点应用在以下领域：一是劳动密集型且生产波动比较明显的行业，如电商仓储物流，对物流时效性要求不断提高，受限于企业用工成本的上升，尤其是临时用工的难度加大，采用无人仓能够有效提高作业效率，降低企业整体成本。二是劳动强度比较大或劳动环境恶劣的行业，如港口物流、化工企业，引入无人仓能够有效降低操作风险，提高作业安全性。三是物流用地成本相对较高的企业，如城市中心地带的快消品批发中心，采用无人仓能够有效提高土地利用率，降低仓储成本。四是作业流程标准化程度较高的行业，如烟草、汽配行业，标准化的产品更易于衔接标准化的仓储作业流程，实现自动化作业。五是对于管理精细化要求比较高的行业，如医药行业、精密仪器，可以通过软件+硬件的严格管控，实现更加精准的库存管理。

2．智慧云仓

智慧云仓是物流仓储的一种，但是不同于传统仓、电商仓。“云”的概念来源于云计算，是一种基于互联网的超级计算模式，在远程的数据中心里，成千上万台计算机和服务器连接成一片计算机云，对外提供算力服务。而智慧云仓正是基于这种思路，在全国各区域中心建立分仓，由公司总部建立一体化的信息系统，用信息系统将全国各分拣中心联网，实现配送网络的快速反应，所以智慧云仓是利用云计算模式以及现代管理方式，依托仓储设施进行货物流通的全新物流仓储体系产品。

智慧云仓是一种全新的仓库体系模式，它主要是依托科技数字化平台充分整合全社会仓储资源，做到快捷经济地选择理想的仓储服务。在这一模式下，快件可直接由仓储到同城快递物流公司的公共分拨点实现就近配送，极大地减少配送时间，提升用户体验，这就给那些对物流水平需求极高的企业带来了新的机遇。

智慧云仓主要有以下三种类型：

（1）电商平台云仓

电商平台云仓的成本比较高，目前只有电商巨头阿里巴巴、京东、亚马逊等着手布局，通过多地仓储协同实现资源整合优化，大大提升其时效性和准确性，并且通过大数据分析，建立准确的预测机制，更好实现快速反应，增强客户体验。

菜鸟云仓：菜鸟把自己定位为物流大数据平台，菜鸟网络未来或可能组建全球最大的物流云仓共享平台。菜鸟搭建的数据平台，以大数据为能源，以云计算为引擎，以仓储为节点，编织一张智慧物流仓储设施大网，覆盖全国乃至全球，开放共享给天猫和淘宝平台上各商家。

京东云仓：京东自建的物流系统已经开始对社会开放，京东物流依托自己庞大的物流网络设施系统和京东电商平台，从供应链中部向前后端延伸，为京东平台商家开放云仓共享服务，提升京东平台商家的物流体验。

（2）快递云仓

主要是指物流快递企业自建的云仓，主要目标是建立仓配一体化，实现快递企业高效配送。例如，“百世云仓”是百世汇通建设的“云仓”。

百世云仓依托在全国30个中心城市建设的众多云仓，从商品的订单接收开始，到订单分拣、验货包装、发运出库，避免货物的重复操作，将商品与消费者之间距离缩到最短，最大化提升配送的效率。百世云仓在全国有100个分拨中心，1万余个站点延伸至乡镇各级服务网点，通过近1 500条省际、省内班车，超过5万余人的速递团队全流程管理，百世汇通就这样构建了一个快速安全的信息化物流供应链，已为国内外的上百家企业提供服务，而在这一过程中，传统物流产业升级也就实现了。

顺丰云仓利用顺丰覆盖全国主要城市的仓储网络，加上具有差异化的产品体系和市场推广，让顺丰仓配一体化服务锋芒毕露。顺丰围绕高质量的直营仓配网，以及优化供应链服务能力，重点面向手机（3C）、运动鞋服行业、食品冷链和家电客户开放共享其云仓服务。另外，中国邮政特快专递（EMS）宣布，将实施云仓战略，为电子商务企业和商家提供全景供应链协同服务，减少电商大型活动期间的“爆仓”风险。

（3）第三方云仓

主要代表为发网智慧仓、中联网仓等。在电商快速发展的同时，电商的竞争也越来越激烈，在大型电商活动的背后将产生海量的快递邮件需要在短时间内进行配送的情况下，第三方云仓以智能算法为支撑，软件硬件相结合，实现了从拣选、包装、测体称重扫码到快递分拨全场景一站式解决方案。

随着互联网和电商的发展，客户对物流的要求越来越高。通常，客户需求主要为两点：“快速”和“准确”。要做到以上两点，就需要客户下单后，货物快速准确地从就近仓库出库，并以最优的线路以最短的时间送到客户手中。为实现此目标，需要大数据+云计算的支持，实现仓配一体化、智能化。实现供应链中不同环节数据实时共享、指令一步下达、自动匹配、智能优化、精准预测等目标。因此，未来智慧云仓的发展会向着分散集中化（仓库分散、数据集中），智能化（自动分拣、预警预测、路径优化、信息反馈），可视化（库存可视、状态可视、信息跟踪）等方向发展，以适应不断严峻的物流市场新形式。云仓模式将面临四个维度的裂变：核心城市云仓—城市云仓—社区云仓—跨境全球云仓，最终将形成“天下无仓”的社会需求。

（三）智慧物流园区发展趋势

智慧物流园区建设虽然取得了长足进步，但总体上看仍处于初步建设阶段，随着物联网、大数据、人工智能等技术发展，将会带来园区运营模式、技术手段、管理水平等方面的全面变革，智慧物流园区的建设越来越呈现出以下三个方面的发展趋势。

1．无人化将是智慧物流园区的终极未来

园区智慧化发展最重要的应用即是无人化——通过无人化提高物流运营效率、降低物流成本、创新经营模式。当前不少园区仓库都引入了机器人和物联网技术，通过无人化的智能分拣，提高效率并降低分拣员的劳动强度。在配送环节，无人机、无人车等无人配送体系也被提上日程。在AT200物流无人机成功首飞后，顺丰等公司在无人配送上进行了大手笔投入，并制定了明确的时间表。京东明确要把智能无人化提高到战略高度，继无人仓、无人机、配送机器人等的常态化运营后，京东物流的无人轻型货车、无人配送站点也将开始运营。苏宁在2016年就成立了物流实验室，主要围绕精益生产和人工智能进行研究，如仓库自动作业技术、绿色包装技术、智能拣选机器人、智能配送机器人、无人机园区智能巡检等。由此可见，园区级的机器换人，已经成为物流智慧化的主流赛道。同时园区物流是无人系统从封闭确定环境走向开放动态环境的不可多得的可控试验场景。其无人化发展将为物流全程的无人系统落地打下坚实基础。园区物流智慧环节乃至全流程运营的无人化，将是智慧物流园区发展的终极未来。

2．大数据驱动的人工智能将在物流园区中得到普遍应用

物流大数据相当于智慧物流系统的血液，它贯穿在整个智慧物流系统，越来越多的园区都在通过人工智能技术挖掘大数据所带来的附加价值，未来基于数据的竞争将成为物流园区的竞争热潮。大数据驱动的人工智能在未来智慧物流园区中的主要应用场景主要有以下几方面。

（1）需求预测

通过收集用户消费特征、产业链历史信息等大数据，利用算法提前预测需求，前置仓储与运输环节。

（2）设备维护预测

通过物联网的应用，在设备上安装芯片，实时监控设备运行数据，并通过大数据分析做到预先维护，增加设备使用寿命，随着机器人在物流园区的广泛使用，这将是未来应用非常广的一个方向。

（3）供应链风险预测

通过对异常数据的收集，对诸如贸易风险，不可抗因素造成的货物损坏等情况进行预测。

（4）网络及路由规划

利用时效、覆盖范围等数据构建分析模型，对园区仓储、运输、配送网络进行优化布局。

（5）智能运营规则管理

通过机器学习等技术，使运营规则引擎具备自学习、自适应的能力，能够在感知业务条件后进行自主决策。如对电商高峰期与常态不同场景订单依据商品品类等条件自主设置订单生产方式、交付时效、运费、异常订单处理等运营规则，实现智能化处理。

（6）园区选址

人工智能技术能够根据现实环境的种种约束条件，如顾客、供应商和生产商的地理位置、运输经济性、劳动力可获得性、建筑成本、税收制度等，进行充分的优化与学习，从而给出理想的选址解决方案。

（7）决策辅助

利用机器学习等技术来自动识别场院内外的人、物、设备、车的状态和学习优秀的管理和操作人员的指挥调度经验和决策等，逐步实现辅助决策和自动决策。

（8）图像识别

利用计算机图像识别、地址库、合卷积神经网提升手写单证机器有效识别率和准确率，大幅度地减少人工输单的工作量和差错可能。

（9）智能调度

通过对商品数量、体积等基础数据分析，对各环节如包装、运输车辆等进行智能调度，如通过测算百万库存保有单位（SKU）商品的体积数据和包装箱尺寸，利用深度学习技术，由系统智能地计算并推荐耗材和打包排序，从而合理安排箱型和商品摆放方案。

3．基于协同共享的物流园区生态体系将会建成

物流园区生态系统是园区管理机构、园区运营企业、园区入驻企业、产业链企业、物流用户以及其他相关服务提供者、竞争者、政府及其他利益相关者——相互作用为基础的联合体。在这个体系中，每个组织和个人基于利益的驱动，各司其职地担当不同功能，但又资源共享、互利共存、互依共生，共同维持系统的延续和发展。智慧技术的快速发展和深度应用，区块链的去中介化、去中心化特性以及隐私计算技术赋能的去信任数据流通框架，为打造物流园区生态体系提供了良好的条件。随着新技术的不断落地应用，通过先进的电子商务技术和网络平台，可以灵活地建立起各种组织间的、高效的网络化连接，将伙伴企业各个业务环节“孤岛”连接在一起，使组织间的信息和知识的交换量与交换速度大大提高，园区对各种信息和环境变化的快速准确感知变得越来越敏锐，园区生态系统内所有参与者“共同进化”的平台变得越来越容易。

第七章

智慧供应链

2017年，国务院办公厅印发的《关于积极推进供应链创新与应用的指导意见》中指出“供应链已发展到与互联网、物联网深度融合的智慧供应链新阶段”。传统供应链更多着眼于企业内部经营的微观层面，但现今供应链的战略布局更应着眼于宏观，以整合上下游资源为手段，以数字化信息技术为依托，以实现商流、物流、信息流、资金流协调管理为目标，对从原材料采购、产品制造到最终配送至消费者所涉及的全部活动进行计划、组织、协调与控制，同时在时空匹配、运营监控、资源配置等方面实现在线化、互联化，进而改变传统链条的作业模式，增强透明度，提升管理效率与经营效益，降低企业与社会物流成本。本章将对智慧供应链的概念、特征、关键要素、管理体系、应用以及发展趋势，结合应用场景与案例进行梳理阐释。

一、智慧供应链概念

智慧供应链集成了新时代信息技术与现代供应链管理的精髓，是在公司内部与公司间构建的，实现供应链的智能化、数字化和可视化的综合性技术与管理系统。其本质在于供应链上下游节点企业在商流、信息流、物流、资金流与数据流等方面实现无缝对接，尽可能消除信息壁垒，最终从根本上解决供应链效率与效能的问题。与传统供应链相比，智慧供应链在信息化程度、协同程度、运作模式、组织管理特点等方面均具有明显优势，具体见图7.1。

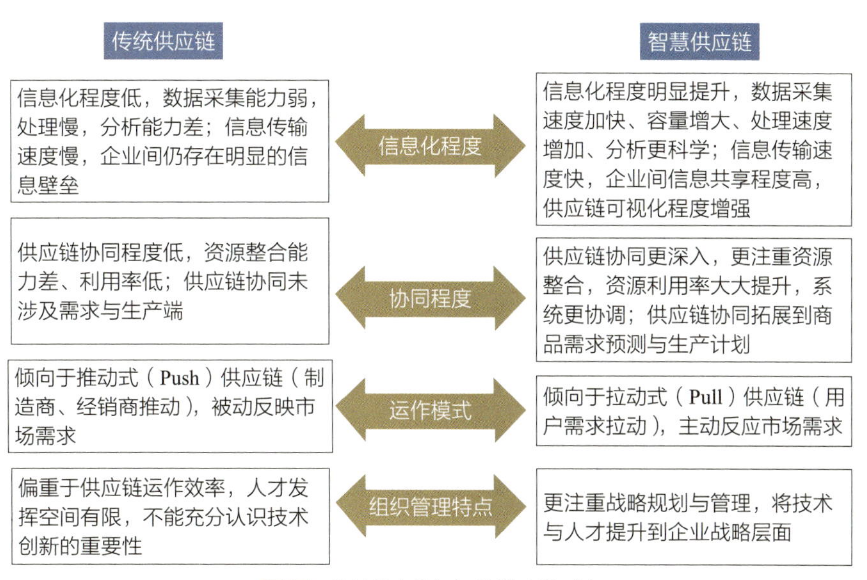

图7.1　传统供应链与智慧供应链对比

二、智慧供应链特征

1．技术张力更明显

在数字化与智慧化的背景下，供应链的管理与运营方会更积极、主动、系统地汲取包括物联网、互联网、人工智能等在内的各类数字化手段与技术，实现管理与经营在技术变革中的创新与提效。

案例 7.1

以努安斯（Nuance）公司为例，作为世界顶级的机场零售商，业务范围极广，由于机场零售可能只有一次的销售机会，进而对于库存数量的把控极为重要。该公司位于澳大利亚的某免税店时常出现某些产品缺货，而其他商品则过剩的情况。为了给客户提供更加优质的服务，努安斯（Nuance）将手工库存跟踪与订购系统优化为能够实现预测与库存协调等智能算法的新系统，这一新版技术方案能够通过分析实际销售数据、预测销售趋势、判断客户购物偏好、制定促销计划以及预测航线客运量等智能功能，使得库存降低 10% 至 15%，并扩大销售量。

2．移动化与流程信息可追溯化

智慧供应链更多通过可视化的手段来表现数据，采用智能化和移动化的手段来访问数据，并实现追溯、交互与在线播放。

3．信息集成能力更强

得益于发达的智慧信息网络，智慧供应链能有效集成信息，打破供应链各个节点企业的信息壁垒，弱化信息不对称性，进而更好地实现无缝对接，整合和共享供应链内部的信息。

4．透明化程度更高，协作更宏观

信息与数据要素高度整合的前提下，更多强调系统优化与全供应链的绩效优化，供应链透明度伴随着数字化的提升不断增强，各个节点企业能够互联互通，及时掌握内外部的信息，并更好地应对变化，做出适当调整，进而提高供应链的绩效。

5．弹性更大

通过先进的数据集成功能，使得信息共享互联触手可及，供应链绩效受到供应链层级的递增而出现不佳表现的可能性较小，延展性增加。

三、智慧供应链能力

从管理成分或要素的视角看，智慧供应链具有以下有六个方面的能力。

1．真实需求的理解能力

具备洞察“真实”的能力，即敏锐探知客户需求深处的诉求，而不是外在表象，包括物质与精神两个层面的。想要具备这一能力就需要通过数字化的手段获取“价值雷达”。“价值雷达”指的是企业供应链实现的利益和客户得到的价值，共有三个层面：第一层为最基本的层次，从供应商的角度能实现最高性价比的产品和服务，而需求方得到的是使用价值。第二层是供应商能实现供应链所有权成本降低，而需求方得到的是情感价值。第三层也是最高的层次，是供应商不仅能够降低供应链所有权成本，而且还能帮助客户降低各种机会成本，而此时需求方得到的是发展的价值，即实现了客户自身很难实现的状态，获得了超额收益[1]。如何运用互联网、物联网、大数据等各种信息技术辅助企业实现从第一层面向第三层面的发展，及时追踪和捕捉到客户的真实需求信息和状态，进而灵活地提供相应的服务，是智慧供应链需要形成的核心能力之一。

案例 7.2

以互联网品牌韩都衣舍为例，作为一家主动整合供应链上下游各节点进而成为“链主”的互联网品牌企业，韩都衣舍通过信息化手段采集供应链上的反馈数据并在链条内循环传输。每当有线上客户在电商平台上选购该品牌衣服并且加入购物车时，工厂即可获取相应产品信息，并能在此基础上，对面料的选择以及其他材料的准备组织开展工作。同时，韩都衣舍的设计部门继续跟进，便可以实现即时性的柔性生产。从整体上看，以上游生产制造端为主导的推动式供应链在当前新兴技术的加持下转变成了由下游消费端为主的拉动式供应链。传统的供应链体系，企业只有在拿到订单之后，方可展开设计工作并衔接工厂生产，这种方式下不仅运转的周期较长，而且由于工厂对于订单的起始数目也有所限制，所以会产生工厂拒绝小批量生产的现象。在智慧供应链时代，客户的需求与材料的准备，设计师的作业与工厂的生产，这些看似十分遥远的环节在实际的工作开展中均具备较高的联动性。时间、成本、质量这三者之间的关系也得到了最大限度的优化。[2]

---

[1] 杨志华．基于互联网的供应链金融创新模式研究［J］．物流科技，2019.

[2] 赵先德，王良，阮丽旸．高效协同：供应链和商业模式创新［M］．上海：复旦大学出版社，2019，42（1）．

2．全链路可视能力

全链路可视能力即为供应链全过程的可视化，是指过程与流程信息的可追溯、可交互与可在线播放。具备能够收集供应链各参与方的信息与数据，并能够及时进行交互的能力，包括跟进全球市场的动态，实时反馈并追踪物流、交易的状态和活动，做到对供应链运营过程的及时监测和操控。传统供应链环节多且节点企业盘根错节，信息系统繁多冗杂，人工环节多，难以将生产与销售环节的数据量化与可视化，包括零部件需求和消费比率、监控和管理生产订单和处理，以及供应链运营的关键指标与绩效，容易导致供应链库存周转效率偏低、安全库存成本高、资源配置效率偏低而造成浪费，缺乏制造有效性和高效性，同时供应商质量无法保障，极易造成更多的售后问题。故而借助物联网、云计算、人工智能等技术建立真正标准化、规范化、可视化的供应链网络，实现供应链全程可视化成为智慧供应链的关键。

案例 7.3

空中客车公司作为世界上最大的商务客机制造商之一，伴随着全球化进程的加速，其供应商分布愈发广泛与分散，而该公司也发现其对于各部件、组件以及资产的追踪管理难度逐渐升高。为解决这一问题，提高其客机制造链条的可视化程度，该公司研发了一套智能感应追踪解决方案，用于检测追踪入站货物的运行轨迹与位置。部件从供应商仓库运输至组装流水线中，会通过一个智能集装箱，该集装箱专用于盛放有重要信息的射频识别标签。在各个重要的节点，设备都会扫描审核这些标签。如果部件到达错误节点或者部件匹配错误，系统会在该问题影响正常生产之前向操作人员发送警报，促使其尽早解决问题。这一方案极大降低了部件交付过程中错误影响范围与严重度，对整体供应链风险进行了控制。

3．建立模块化的供应链架构的能力

回归到第一点对于供应链节点真实价值需求的反馈，需要建立实时响应、高效反应的供应链服务体系，而通过架构与功能模块化的方式进行供应链集成，能迅速地调用自身与外部主体的能力，进而建立创造出一种特殊的供应链竞争力。即在不破坏原有体系的基础上实现供应链服务功能的个性化需求响应，具备良好的智能化与流程化处理能力。随着互联网、物联网等相关技术的发展，模块化方式在供应链集成中的应用可以有效地帮助企业完善自身的供应链体系，通过对各方资源的协调与应用，建立起能够容载、运作各方资源的生态系统，继而更为高效地实现供应链服务功能。

4．实现供应链计划与执行无缝连接的能力

供应链计划是供应链执行的依据，而供应链执行情况也会导致计划的调整，因此供应链中的计划与执行之间的响应与反馈速度直接影响供应链的运行效率。传统供应链中，由于计划与执行不能实时连接，执行层面的情况向计划层面传递存在时延，使计划的制定只能基于对历史数据的分析，难以对现时情况做出响应，从而导致供应链缺乏灵活性。智慧供应链环境下，计划层面与执行层面能够在数据和信息上实现同步，使计划的制定不仅可以基于对历史数据的分析，也能对供应链当前实际情况做出积极响应，甚至还可以基于对发展趋势的预测而做出有效调整；而对于供应链执行，也能够根据实际正在发生的状况和下一步需要执行的活动，及时配置资源和能力，使得供应链执行过程稳定、有效。

5．建立风控管理体系能力

即能运用供应链分析工具比较预期与实效，实现数据化的绩效管理与流程控制，对供应链全链路运行进行管理以防风险超出预期，导致供应链中断或产生其他风险。智慧供应链的核心是在实现高度智能化供应链运行的同时，对于生产制造中的各个环节可以起到支撑作用，包括研发、生产、库存以及采购等方面，进而实现有效、清晰的绩效测试和管理，建立贯穿供应链各环节、各主体、各层次的预警体系，能轻松实现供应链活动的持续进行、质量稳定、成本可控[1]。在企业的运转过程中，不可避免地要出现一系列的问题。企业的决策者必须有效地掌握这些可能出现的问题，并加强对企业生产的优化与调整，继而降低企业生产的风险并提升企业的效益。

6．建立精敏化供应的能力

供应链高精化（总成本最优）与智敏化（快速响应和服务）相结合。相比传统观点，精益（Lean）和敏捷（Agile）是供应链运营的两种状态，两者相互独立，各自对供应链价值的四大要素（效率、成

[1] 宋华．新兴技术与“产业供应链+”——“互联网+”下的智慧供应链创新［J］．人民论坛学术前沿，2015（22）．

本、服务和速度）产生不同的影响作用。也就是说，如果产品业务多样性程度较低、市场变动较小，则可以建立高效率、低成本的精益供应链。反之，如果品种变异较大、市场波动性较强，则可以建立追求速度和服务的精益供应链。

四、智慧供应链流程与要素集成

智慧供应链的实现与其绩效表现很大程度上受“四流合一”的通畅情况的影响。

智慧物流表现为由于信息透明度的显著提升，运输、仓储、配送等七大环节各类资源能够实现较好共享，一定程度上可以避免空载、回空车等现象，进一步提高资源的利用效率。同时，智能化系统可以进一步综合链路上的闭环数据，进而模拟演算最优解决方案。另外，企业的专业化程度不断提升，第三方、第四方物流企业应运而生，物流外包作为物流解决方案也逐步得到了认可与普及。

智慧商流通过现代化的信息技术将供应链上的买卖流通过程提质增效，使得线上线下的交易能够更好联动，不同销售渠道之间从原有的竞争关系逐步融合。从采购方面看，在智慧供应链的加持下，物流与信息透明度明显提升使得战略性全球采购寻源进一步实现，买方能在更大范围选择适合的合作伙伴，卖方也能进一步扩大销售范围。从销售的角度上看，企业能够与供应链下游链路上的分销与零售环节进一步深度合作，实现数据共享，进而快速收集市场信息，通过智能建模的方式进行销售预测，形成更为多元化的产品组合与销售方案，以增强企业的核心竞争力。

智慧信息流是智慧供应链中实现“四流合一”的重要基础支撑，通过先进的传感设备、物联网、云计算等技术方法，实现全链路的数据采集，并能做到实时性与交互性，信息的高度透明为企业内部实现精益管理与控制奠定了基础。同时，供应链各节点企业之间通畅的信息流，使得长鞭效应等情况将大大减少，而更丰富的数据与信息也有利于完成更深层次与全面的数据挖掘与信息分析，进而提升企业的经验水平，增强其业务与盈利能力。

智慧资金流则是基于在智慧供应链中完全电子化交易的实现。一方面供应链资金在线上的周转效率更高，速度更快，企业对于资金使用情况通过数字化手段更加清晰呈现，有利于企业进一步加强对于资金的掌控与规划。但是，另一方面系统安全性也面临非常大的挑战，完善的信息安全保障措施能够为企业在线交易提供强有力地保证。

智慧供应链的要素集成主要表现为通过传统的商流、物流、信息流和资金流等诸多环节的整合，进一步向几个方面的集成：一是供应链与金融的有机融合与迭升优化，即将金融纳入供应链运作环节，为供应链注入资金，解决了供应链中的资金瓶颈，降低了供应链的运作成本，提高了供应链的稳定性[1]。借助于现如今的新型技术手段，为产业供应链运营提供基础支撑，使得金融机构能够广泛掌握海量的产业

[1] 宋华. 新兴技术与“产业供应链+”——“互联网+”下的智慧供应链创新［J］. 人民论坛学术前沿，2015（22）.

数据，包括供应链运行过程当中的物流、交易等信息，通过物流、交易管理系统将业务过程中产生的数据实时反映到供应链金融系统中，以达到对交易过程进行动态监控，降低供应链金融运行风险。同时又通过产业供应链运营，创新和拓展金融产品和管理，使得金融的业务形态和金融活动的参与者日益多样化。二是消费活动、社交沟通与供应运行的集合。新型技术和产品的出现，逐步让消费活动和社交沟通成了人际交流和沟通的方式，并且融入供应链运营过程中。另一方面，社交沟通也改变了产业运营环境、市场及商业模式，使得供应链关系的建立和组织间信任产生的方式发生了深刻的变革。三是互联网金融与供应链金融的结合，即将以依托于互联网产生的金融通道（如P2P、众筹等）、第三方支付等金融业务创新，与产业供应链金融（如贸易金融、物流金融和供应链融资等）紧密结合，既通过互联网金融降低供应链金融运营中的融资成本，拓展资金来源渠道，又通过供应链金融来有效解决互联网金融产业基础不足、风险较大的问题[1]。

五、智慧供应链管理体系构建

（一）构建智慧供应链管理体系的必要性

在供应链管理中，存在着成本控制、供应链可视性、风险管理、

[1] 宋华．新兴技术与“产业供应链+”——“互联网+”下的智慧供应链创新［J］．人民论坛学术前沿，2015（22）．

用户需求增加和全球化五个方面的挑战。在成本控制方面，传统的成本降低方式对企业已经不再有效，增加供应链弹性也许能够帮助企业找到其他降低成本的方法。在可视性方面，信息量大增，供应链主管必须快速搜集信息并做出判断，并利用合适的信息采取行动。在风险管理方面，并不仅仅只是首席财务官们关注风险，风险管理已成为供应链管理的首要任务。在客户关系方面，尽管客户需求是公司发展的原动力，但公司与供应商的联系比客户更紧密。在全球化方面，全球化更能推动企业增加收入，而不仅仅是预想中的节省成本[1]。因此构建智慧供应链具有以下四个方面的意义：

1．高度整合供应链内部信息

传统供应链内部成员之间的信息交流存在于具有直接的供应和需求关系的企业之间。在实际的交流过程中，信息流往往会由于不同企业采用的不统一的信息标准系统而导致无法正常流通，使得供应链内部信息无法自由流通和共享。相比之下，智慧供应链依托智能化信息技术的集成，能够采用有效方式解决各系统之间的异构性问题，从而实现供应链内部企业之间的信息共享，保证信息流无障碍的流通提高信息流的运转效率和共享性。

2．增强供应链流程的可视性、透明性

传统供应链环境下，上下游企业之间缺乏有效的信息共享机制和实现方式，整个供应链是不可视的。由于供应链的不可视性，供应链中上下游企业无法对产品的供产销过程实现全面的了解，只能从自身

[1] 赵然，安刚，周永圣．浅谈智慧供应链的发展与构建［J］．中国市场，2015（10）．

流程和业务角度出发，以比较单一的成本因素考虑如何选择供应商和销售商。这样就无法实现供应链内部企业的一致性和协作性，更不能形成良好稳定的合作关系，导致供应链竞争力低下。拥有良好可视化技术的智慧型供应链，能够实现企业之间的信息充分共享，对自身和外部环境增强反应的敏捷性，企业管理者能够依据掌握的全面产品信息和供应链运作信息，正确做出判断和决策，组织好切合市场需要的生产，实现有序生产管理。

3．实现供应链全球化

管理智慧型供应链具有良好的延展性，它一方面能保证供应链在全球实现扩展，也能防止供应链在全球化扩展的情况下效率降低问题。信息交流和沟通方式在传统供应链下是点对点、一对一的，但随着供应链层级的增加和范围扩展，这种传递方式难以应对更加复杂的信息轰炸。智慧供应链依据自身对信息的整合和有效的可视化特点，可以打破各成员间的信息沟通障碍，不受传统信息交流方式的影响，能够高效处理来自供应链内部横向和纵向的信息，实现全球化管理。

4．降低企业的运营风险

智慧型供应链所具有的信息整合性、可视性、可延展性等特点，使得供应链内部企业能够实时、准确地通过了解供应链中各环节企业的生产、销售、库存情况，保证和上下游企业的协作，避免传统供应链由于不合作导致的缺货、库存积压等问题。因此，智慧供应链能够从全局和整体角度将破坏合作的运营风险降到最低。

（二）智慧供应链管理体系构建途径

1．持续改进产品

企业获得利润依靠的是产品的持续改进。然而，在智慧供应链的大环境下，企业要实现产品持续改进，必须借助产品生命周期管理（PLM）方面的信息化技术，来增强产品的数据集成性和协同性。企业应建立集成的产品研发、生产计划及执行的业务流程，实现产品研发管理集中化，并控制生产工艺，制定合理的生产标准，并在不同的生产基地实施生产，增强供应链成员在集成技术下的一致性和协同性。

2．完善生产计划系统

作为供应链的成员，企业需要从整体出发，努力构建完整的生产计划管理系统，使不同产品能够与相适应的计划模式、物料需求及配送模式进行匹配，从而拉动物料需求计划。实现企业资源计划（ERP）系统与供应链管理（SCM）系统完美对接，增强销售过程的可视化和规范化，营造涵盖客户交易执行流程与监控的平台，动态控制过程，及时掌握相关重要信息，以便对可能出现的问题进行预测。

3．实现财务管理体系标准化和一体化

在现代企业管理制度中，标准化管理是提升企业核心竞争力的重要手段之一。财务管理工作历来是企业管理的核心，更需要标准化。处于供应链中的成员，迫切需要建立标准化的财务管理。在日常工作中，供应链中的企业可以通过查看财务数据来及时了解企业的运营信息。在具体实现过程中，企业需要利用企业资源计划系统来实现企业的财务业务的一体化，从传统记账财务业务分析转向价值创造财务分析。在系统成

功实施后，可以构建基于数据仓库平台数据分析及商业智能应用。通过财务管理的标准化和统一化，增强供应链的可视性和共享性。

4．定制化的供应链可靠性设计

供应链管理也被称为需求管理，要面对的一大难题是不断扩大的客户需求。在智慧供应链管理下，企业能够与客户保持紧密关系，形成良好的互动机制，客户将被视为供应链系统难以分割的一部分。供应链管理人员，以客户需求为根本，设身处地地站在客户角度来思考问题，融入供应链管理；客户可以参与供应链系统设计、运行和管理。智慧供应链着眼在整个产品生命周期都与客户保持紧密联系，通过大量的信息交互，智慧供应链对客户进行细分，为客户提供定制化服务。

5．可以借助标尺竞争，提升供应链可靠性

所谓标尺竞争，是指在存在多家独立性企业（代理人）的受管制产业中，管制者（委托人）以其他企业的表现作为衡量每一个企业表现的标准或标尺，来促进每一个企业同“影子企业”展开竞争，从而提高企业的生产效率并抽取企业的信息租金。在满足一定的条件下，标尺竞争能够有效缓解委托人和代理人之间的信息不对称并对代理人形成有效激励。智慧供应链通过合理引入标尺竞争，供应链管理者就不用了解各成员企业的成本与投入具体信息。这样可以有效地减少监管机构对被监管成员企业的信息依赖问题，也解决了信息不对称情况下的监管问题。服务可靠性监管可从供应可靠度与产品合格率两方面进行控制，促使成员企业依据“标尺”提高各自的服务可靠性，提升供应链整体可靠性[1]。

---

[1] 赵然，安刚，周永圣．浅谈智慧供应链的发展与构建［J］．中国市场，2015（10）．

六、智慧供应链案例

（一）欧睿数据全渠道智能商品管理解决方案（FMDS）

欧睿数据是一家专注于时尚品商品大数据挖掘和应用的公司。欧睿数据自成立以来，先后为多家国内外知名的时尚企业提供数据、算法、智能商品管理等解决方案。欧睿数据坚持以“需求驱动时尚业供应链数据智能服务”为核心，围绕“经营计划”“需求预测”“分货销补”“供应链计划”等多个领域为时尚企业打造智慧供应链解决方案。

欧睿数据紧抓时尚品企业的销售瓶颈无法突破、成本增长大于销售增长两大基本痛点，以消费者需求为核心，在商品数据中台的基础上，对时尚品零售企业线上线下的订单行数据、销售数据、客户关系管理数据、电商平台数据、行业大数据、天气数据、地理数据、竞争对手数据、区域消费群大数据等进行分析和挖掘，对经营计划制定、品类结构安排、未来销售预测、季中补货追单、大促活动优化、生产采购计划等实现决策指导，进而实现活动智能选款、动态定价优化、精准商品推荐，构造商品数据分析的微服务，最终对实现商品体系、营销体系和供应体系的完美匹配。

（二）蓝色原野（Blue Yonder）软件集团公司的供应链协同产品

供应链协同是指供应链中各节点企业实现协同运作的活动。包括树立“共赢”思想，为实现共同目标而努力，建立公平公正的利益共享与风险分担的机制，在信任、承诺和弹性协议的基础上深入合作，搭建电子信息技术共享平台进行及时沟通，实现面向客户和协同运作的业务流程再造。在供应链协同方面，部分全球性公司如蓝色原野推出了一体化的供应链产品，覆盖原材料采购、制造、零售、消费的全流程。

蓝色原野软件集团公司是全球领先的供应链管理平台，提供全面的供应链、零售运营、门店运作和全渠道商务解决方案，帮助公司管理从原材料、成品，到最终交付顾客的完整货物流。蓝色原野由消费者视角，将全供应链构建成单一业务模型，从终端消费做预测，然后利用全供应链一体化计算，由生产计划套件、分布—中心式供应链、协同式品类管理、零售端店面运营、零售计划套件和流延法等组成。生产计划套件是生产制造业的端到端计划套件，从战略层的供应链网络设计规划，直到中长期主计划以及细到天或者分钟的生产排程排序；分布—中心式供应链着眼于整个配送供应链条的计划到执行套件，涵盖需求预测、补货/库存计划、分布式订单管理、运输计划/执行、仓储管理；协同式品类管理服务那些重视零售端体验及以客户为中心的B2C客户，主要解决如何在正确的时间正确的地点销售正确的商品组合从而获取最大利润的问题；零售端店面运营管理从销售点终端管理（POS）到店面库存管理、劳动力管理等业务流程；零售计划套件针对零售业的端到端计划套件，从企业财务计划，一直到商品组合计划；流延法是对协同式供应链库存管理（CPFR）理念的扩展、延伸，强调上下游企业间的协作协同，实现货架驱动的供应链管理。

（三）知藏科技算法与优化

知藏科技是一家旨在利用先进的机器学习与运筹学算法帮助传统物流企业实现降低成本、提高盈利能力的公司，定位于为物流行业提供基于机器学习与运筹学算法的物流智能解决方案。知藏科技针对“干支线整车”“零担”和“城市配送”三个典型物流场景中的配载、路径规划、车辆调度等问题，提供多重融合算法、机器学习以及运筹学支撑的智慧物流解决方案。知藏智慧物流解决方案以最优化利润模型为出发点，在不改变物流企业现有运作方式的条件下，帮助实现智能规划和调度的同时，大幅优化运作效率。以长途干线整车物流企业为例，在应用了知藏的智能调度算法后，对比企业之前的传统人工运营模式下，车辆有效行驶里程提升48%，自有车盈利能力翻倍。

（四）顺丰数据灯塔

大数据相关产品中典型代表是顺丰数据灯塔。顺丰作为国内物流行业的知名企业，在2016年5月就推出了顺丰数据灯塔计划，这是国内物流行业第一款大数据产品。它是顺丰在快递服务之外推出的首款数据增值服务，愿景定位为智慧物流和智慧商业（“灯塔物流+”与“灯塔商业+”），充分运用大数据计算与分析技术，为客户提供物流仓储、市场开发、精准营销、电商运营管理等方面的决策支持，助力客户优化物流和拓展业务[1]。

顺丰数据灯塔融合了顺丰内部自有的20余年物流领域持续积累的海量大数据（超30万条收派员信息、超5亿条个人用户信息、超150条万企业客户信息、超300万条楼盘及社区信息、超10亿条电商数据信息以及超10亿条社交网络等海量数据、覆盖全国近3 000个城市和地区）和外部公开平台数据，基于此大数据进行多维度深层次高精度的专业分析，以及通过快递实时直播、快件状态监控、预警分析、仓储分析、消费者画像研究、行业对比分析、供应链分析、促销作战室等数据清洗、整合、洞察与分析，为商户提供分行业分场景的一站式咨询、分析、营销和运营服务的专业解决方案，目前已经覆盖生鲜、食品、3C（计算机、通信、消费电子产品）、服装等多个行业。顺丰数据灯塔拥有一流的算法团队，在自然语言处理、物流路径规划、智能推荐引擎等领域有着核心算法技术优势。

（五）阿里供应链中台

供应链中台是数字化供应链中最核心的产品。传统供应链中，计划、采购、生产、物流等主要基于企业资源计划（ERP）串联，而智慧供应链中，供应链整体的信息化、系统化、互联网化主要基于供应链中台实现。中台架构的数字化供应链应用了互联网思维和技术，使得企业的数据能做到实时在线、统一及互联互通；为企业的库存共

[1] 王志鹏．顺丰速运集团核心竞争力战略研究［D］．昆明：云南大学，2017.

享、全渠道订单交付、价格管理、分销体系及客户需求管理等供应链运营带来全新体验。

阿里的供应链系统是最出色的供应链中台应用之一。阿里供应链中台从不同的工作台视角，把整个业务从商品到计划、采购、履约、库存、结算都包含进来。在数据应用架构上，设置不同的规则、应用模型和算法模型。在底层，根据实际将供应商、商品、订单、库存、结算、会员和模式等进行数字化，形成底层数据架构，支撑上层业务的运行。供应链中台帮助零售产业链上各个角色解决面对不同的消费群体的需求分层问题，以使其自身供应链适应市场需求并保证利润，同时可根据市场进行供应链网络的渠道化改造，满足不同商家群体需求及确保盈利。此外，商家可通过中台的全链路可视化分析了解市场动态，实时跟踪供应链的成本和效益，及时调整自身的供应链需求计划，保证资源的最优配置，制定更靠近消费者的产品差异化策略。

与传统供应链相比，阿里供应链中台能够取得更加精准的销量预测，实现供应链上下游的各个企业、商家、服务商更高效的计划协同，更加平稳的库存管理，以及更加优化的网络资源配置，打破了传统供应链分散割裂的“信息孤岛”，重塑了整条链路，实现了全渠道信息共享和联动。目前阿里供应链中台核心能力主要包括以下内容：

一是智能预测备货。供应链中台能帮助业务通过历史成绩、活动促销、节假日、商品特性等数据预测备货，有效减少库存。例如，在2017年情人节期间，天猫超市巧克力类商品的销量预测准确率比人工预测提升20%以上，库存周转天数降低17%；在2016年端午节期间，天猫超市的粽子类商品的预测准确度比人工预测提升30%以上，库存周转天数降低20%。

二是智能选品。供应链中台可以智能化诊断当前品类结构，优化品类资源配置，实现了商品角色自动划分、新品挖掘、老品淘汰等全生命周期智能化管理。例如天猫西选作为全球精致商品汇集的新锐店铺，通过智慧供应链在2016年年初提前于市场预测出日本专业级瘦脸仪Refa的销售潜力，提前进行了商品的备货和物流准备，有效地支持了Refa在火爆销售；天猫电器城接入智慧供应链之后对黑电品类商品进行了商品生命周期调整、潜力新品挖掘并快速引爆以及老品汰换等品类结构优化，使得黑电成交额有数倍以上增长。

三是智能分仓调拨。供应链中台将需求匹配到距消费者最近的仓库，尽量减少区域间的调拨和区域内部仓库之间的调拨，同时优化调拨时的仓配方案，最大化降低调拨成本。天猫超市使用中台智能调拨策略后，使得前置仓库存周转天数降低15%以上，在架率提升10%以上。

七、智慧供应链发展挑战与未来

（一）智慧供应链发展挑战

中国制造业正加速向智能制造发展，新一轮的科技创新与产业革命加速了全球供应链的模式重构。正如《高效协同：供应链和商业模式创新》书中所写到的："如今的竞争，不再是企业和企业间的，而是供应链与供应链之间的[1]。”然而，就当前中国制造行业供应链而言，理想与现实仍存在巨大的鸿沟，诸多问题仍需解决。对智慧供应链认识不充分、缺少智慧供应链战略、物流信息化水平低、“信息孤岛”大量存在、专业人才缺乏等问题依旧存在。

1．企业对于智慧供应链的理解与认识是否足够深刻，能否制定符合自身发展规律的战略

智慧供应链战略是企业首要的协同方向和准则。企业需要重构符合当下发展趋势的个性化的智能战略，并规划实现战略的路径。但是未来的智慧供应链只有趋势，没有定式，企业若盲目追求同样的智慧供应链模式，则会失去其自身的竞争优势。企业需要形成其独有的智慧供应链发展战略，进而支撑其核心竞争力，从而实现智能化迭代升级。

2．能否打通供应链上下游信息壁垒与“孤岛”，实现协同合作构建智慧供应链平台

智慧供应链平台的构建，需要有强大的技术支持，通过物联网、云计算等信息技术与制造技术融合，实现上下游企业的软硬件制造资源的全系统、全生命周期、全方位的联动，进而实现人、机、物、信息的集成、共享，最终形成智慧供应链生态圈。智慧供应链需要将产品、客户、供应商、技术、服务、订单、物料、工厂、产能、库存、仓库、门店、计划等整合到一起，服从和服务于企业供应链大数据的

[1] 赵先德，王良，阮丽旸．高效协同：供应链和商业模式创新［M］．上海：复旦大学出版社，2019.

逻辑要求，从而保证供应链在运营过程中能够适时抓取标准、计划、执行之间的数据差异，然后进行自我反馈、自我优化和自我调整，形成智慧的行动[1]。而这一过程对于当前我国企业的信息化水平而言无疑是一个巨大的挑战。前沿技术短期内难以实现商业应用，研发成本巨大，高素质人才缺口等问题需要一一解决。

（二）智慧供应链未来模式

1. 大数据供应链

伴随着现代化信息技术在商业活动中的应用，海量数据产生，围绕大数据应用而生的大数据供应链或将成为智慧供应链的发展趋势之一。作为企业发展核心要素之一的数据结合相应的分析技术，能够实时洞察行业动向，做出精准预测，提高决策准确性，有利于供应链上下游各个环节的互联共享，进而优化业务环节与运营流程，提升供应链的整体运作效率，继而夯实企业的核心竞争力。

大数据在供应链中的应用价值可从以下四个角度体现：

（1）整合海量数据，精准预测市场

通过整合供应链各个环节产生的海量数据，进行有效分析，从而预测行情变化，并获取调整自身战略与战术的依据，扩大利润空间，加速货品流转效率。以汽配产业为例，借助数据分析平台开展需求预测后追踪商品出售、售后等信息，进而对汽配产品设计研发、生产制

[1] 张颖川．智能制造下的智慧供应链变革［J］．物流技术与应用，2018，23（4）．

造、物流管理等各个供应链环节进行优化。

（2）企业间业务整合，供应链运行顺畅

利用数据分析结果，合理定位供应链中的关键环节与对应企业，提高整体链路的管理能力，实现成本控制，灵活应对行业与市场变化，降低各个环节间的不信任成本，加强供应链上各个环节的联系，发挥整体协同效应。

（3）风险可控，决策优化

基于大数据分析与管理的环境，企业能够实现内、外部的信息联通共享与资源开放，通过问题预测，在潜在问题出现之前就制订好解决方案，降低诱发风险的成本，进而减少资源浪费，实现成本可控。通过对需求产生、产品设计、原料采购、生产制造、订单管理、物流管理以及协同等环节的应用大数据，企业可掌握全面的供应链运作情况，对库存、订单交付率等重要指标进行明确把控，进而控制风险与成本，提升企业的核心竞争力。

（4）资源配置，智慧供应链循环

通过数据分析技术在海量信息中提取核心信息，结合业务流构建模型算法，涵盖数据统计、市场分析、智能决策等功能，实现资源的优化配置，满足客户多元化的需求，重构企业的供应链系统。

传统结构化的数据已经在当前供应链中得到了广泛应用，已经实现资源数据、供应商数据、交易数据、质量数据存储后的跟踪分析。但是爆发式增长的数据内容，非结构化数据的出现等对传统数据分析方式带来了显著挑战。企业如何应对全新的挑战，关键在于如何充分处理利用物联网采集的实时数据以及业务数据提高对供应链全局的分析调度能力以形成自身的核心优势。大数据与人工智能技术等新一代信息技术正是为此而生。通过集成强有力的分析功能，结合各渠道信息，充分挖掘全新数据集合，获得对于业务全新的理解与思路，继而产生新流程并进行开发并与产品的全生命周期紧密联系，从而形成良性循环。使数据产生商业价值是数据价值的本质，企业在不断获取数据、展示数据的同时，在大数据时代应关注在分析算法模型上的顶层设计，从而将数据价值淋漓尽致地发挥出来。

2．物联网供应链

物联网应用了诸多前沿的技术手段，产品电子代码（EPC）与射频识别技术则是物联网领域的常用技术，有助于供应链各个环节的高效整合与数据采集，能够改变过去始终困扰着企业的“信息孤岛”问题，实现信息互通共享。伴随着国家高度关注、强有力的政策支持、巨额的资金投入等，物联网将会成为经济增长的巨大推力。供应链领域则是物联网技术应用非常理想的落地场景，同时物联网也驱动供应链协同管理走向更为高端的层次。

供应链协同管理信息平台有三层，包括节点企业的内部信息平台、企业间信息交换平台和供应链一体化协同管理信息平台，在物联网高并发的支持下，资源、市场、信息可沿供应链实现高效整合，并助力供应链向上下游拓展。在标准统一、可相互操作、可实现无缝衔接的信息共享平台基础上建立起来的物联网能在短时间内实现内部信息、外部信息的整合，并将整合后的信息传输到供应链协同管理信息平台，让各节点企业在最短时间内感知信息，对产品、企业、供应链的整体情况进行全面把握。同时，物联网大规模传感网络与终端收集设备收集海量信息，将信息上传到云端存储、处理。在物联网海计算模式下，供应链各环节都具备了自组织、自反馈、自计算功能，通过局部交互使供应链协同管理系统实现了智能化，供应链信息传导路径大幅缩短，信息处理能力不断增强，信息准确度不断提升，失真情况有所减少。此外，物联网能使得所有物流环节可视化，实时追踪，在此基础上，通过供应链协同管理，企业可提升物流效率，控制物流成本[1]。

但是就目前的应用情况而言，相关实践仍处于探索阶段，信息技术壁垒、安全隐私、编码标识标准以及成本过高等问题一直限制着物联网技术在供应链全流程的广泛应用。

第二篇 结语

随着智能技术与物流行业的深度融合，产、学、研各界百花齐放，不断探索物流智慧化的新技术、新产业、新业态。物流各环节均已走上了智慧化发展的快车道，数字化、网络化、智慧化水平不断提高。但是物流行业由于长期处于产业链中间环节，在上下游企业的制衡中，小散现象突出。企业在智慧化过程中普遍面临数据流通不畅、人才供给欠缺、智能技术落地困难等挑战。为此，政府部门、行业龙

❶ 龙江．面向物联网的供应链协同管理优化［J］．国际商务研究，2011，32（5）．

头企业、科技企业纷纷以技术服务为纽带，以资源共建共享为核心搭建物流生态体系，极大地推动了物联网、云服务、区块链、人工智能、隐私计算等技术在物流领域的发展。同时也使得物流技术的落地应用逐渐向系统化、标准化发展，并为今后智能技术的进一步茁壮成长打下了坚实基础。相信今后，不仅会有越来越多的科技企业走入物流，也会有越来越多的科技企业从物流中诞生。

第三篇

智慧物流未来
——热点问题探讨

在全社会的智慧化浪潮中，智能技术持续推动物流行业高效发展。同时，物流以其行业特殊性逐渐成为智能技术应用最活跃、数据要素流动最广泛、融合发展最显著的领域之一。本篇围绕物流与智能技术的再生产关系，数据要素在物流智慧化的激发作用以及物流与其他行业的智慧耦合等热点问题展开讨论。

第八章

数据要素如何激发智慧物流发展新动能

数字经济是随着信息技术发展而产生的新经济形态。随着大数据、人工智能、物联网、云计算等技术不断创新，飞速发展的数字经济成为引领各国经济增长的新动力，并重塑全球经济竞争格局。当前的数字经济已深刻改变了人类的生活方式，数字化、智能化场景持续推动着传统行业的转型升级。数字经济的最大特征是数据成为新的关键性生产要素。认识并重视数据的经济价值，抓住本轮科技革命和产业变革的窗口期，推动各行各业的数字化转型，有助于充分发挥数据生产要素对经济发展的重要引擎作用，重塑生活方式、产业模式及经济形态，为国家经济发展提供新动能。本章将从数字经济背景出发，探讨数据要素的重要价值。在此基础上，以海运物流为例，介绍物流行业数据交换和应用现状。最后，提出推动和培育数据要素市场发展，激发智慧物流发展新动能的若干建议。

一、数字经济成为经济增长的新引擎

迄今为止，人类社会已经经历了蒸汽时代、电气时代和信息时代三次工业革命。新的产业革命必然伴随着生产组织形式的变化，尤其是生产要素的变革。在第三次工业革命中，随着信息技术和产品形态的创新发展，技术和产业不断演进，形成创新资源与数据要素的集聚，与新业务形态、新商业模式互动融合，形成新的经济形态：数字经济。

参考2016年二十国集团（G20）杭州峰会对数字经济的定义，数字经济是指以数据资源为重要生产要素，以现代信息网络为主要载体，以信息通信技术融合应用、全要素数字化转型作为效率提升和经济结构优化的重要推动力的新经济形态。数字经济是不同于农业经济、工业经济的一种新的经济形态，具有以下基本特征：①快捷性。互联网突破了传统的时间和空间限制，信息传输、经济往来更加敏捷、高效。②高渗透性。信息技术服务业迅速地向第一、第二产业扩张，产业间相互融合的趋势已不可阻挡。③自我膨胀性。信息网络产生的效益将随着所服务的网络用户数量的增加而呈指数型增长，因此优势一旦出现并达到一定程度，就会导致自我强化，出现“强者恒强、赢家通吃”的垄断局面。④边际效益递增性。包括边际成本递减和累积增值效应。⑤外部经济性。单个用户从使用特定产品中得到的效用与用户总数量相关。用户总数越高，单个用户能够获得的效用就越高。⑥可持续性。数字经济对有形资源、石化能源的依赖和消耗较少，可降低对环境和生态的破坏。⑦直接性。网络显著降低了产品和服务的流通成本。处于网络端点的生产者和消费者可直接发生关联，交易成本大大降低。

新冠肺炎疫情背景下，数字经济已成为全球经济增长的新引擎。

据中国信通院数据，2019年包括中国、美国、德国等在内的47个主要经济体的数字经济总规模已达到31.8万亿美元，占国内生产总值比重高达41.5%；全球数字经济平均名义增速为5.4%，高于同期全球国内生产总值名义增速3.1个百分点。数字经济同样是我国经济高质量发展的重要支撑。2011年至2019年，我国数字经济规模从9.5万亿元增长到35.8万亿元，占国内生产总值比重从20.3%提升到36.2%，数字经济对国内生产总值增长的贡献率始终保持在50%以上。

当前，我国经济社会已经迈入转型阶段，经济从高速增长阶段进入到高质量发展阶段。随着各地不断推进落实数字经济及数字化转型政策，配合我国雄厚的产业发展基础和广阔市场空间，我国数字经济规模将不断提升。

二、数据要素是驱动数字经济发展的关键

随着互联网产业与数字经济的迅速发展，中国正在形成庞大的大数据“金库”。根据国际数据公司（IDC）的报告，2018年中国产生了大约7.6泽字节的数据。预计到2025年，中国将产生48.6泽字节数据，占全球27.8%，并成为世界上数据拥有量最大的国家。有效合理地挖掘数据资源的价值将会成为推动经济增长的重要助力。相对传统生产要素（如土地、劳动力、资本、技术），数据要素具有主体繁杂、权属复杂、资源富足、强外部性、全局性等特征。数据在数字经济中的价值和作用，主要体现在以下几个方面。

其一，数据是数字经济的基础和核心。没有数据，数字经济将成为无源之水、无本之木。数据可以赋能各类市场主体，发挥乘数效应，促进信息化的深入渗透，成为商品价值的有机组成部分，形成经济决策的数据驱动，催生新的经济形态和商业模式，激发组织变革和制度创新。数据不仅改变了经济增长结构，而且提升了经济增长质量。

其二，数据是数字经济发展与创新的动力和引擎。数据采集、传送、存储、处理和应用门槛的降低，打破了信息获取的时间和空间限制，实现了技术创新的跨地域、跨系统、跨业务高效融通，推动新兴技术在各行各业的应用，形成发展新动能。此外，数据作为一项重要战略资源，可以带来科学理论的突破和技术进步，提高劳动生产率。数据驱动型创新正成为国家创新发展的关键形式和重要方向。

其三，数据可以提升传统产业的转型与效率。数据通过融入生产经营各环节，可优化企业决策和运营流程，提升劳动、资本等传统要素的投入产出效率和资源配置效率，实现对传统要素价值的放大和倍增。通过数据赋能，实现对产业链上下游的全要素进行数字化升级、转型和再造，能够有效带动传统产业的改造和革新。

三、海运物流行业数据交换和应用现状

海运是全球贸易的主要载体。据联合国贸易与发展会议统计，按重量计算，海运贸易量约占全球贸易总量的90%；按商品价值计，则

占贸易额的70%以上。从业务产生数据量大小的角度，海运业是数据产生量排名第二的行业（最大的是保险业，引自波士顿咨询报告）。[1]随着智能技术在海运领域的应用，海运数据的积累以及算法、算力的不断发展，海运物流行业已成为智慧物流的一个典型应用场景。

集装箱是一种具有足够强度、便于反复使用的大型标准化载货容器。集装箱运输是海运物流的典型运输方式。集装箱运输是将货物装在集装箱内，以集装箱作为运输包装和基本运输单元，使货物成组化，并在运输过程中采用专用的先进装卸设备和运输工具进行运输、装卸、搬运的运输组织形式。集装箱运输使货物集中、存放、装卸及运送的效率大大提高，运输成本和损耗大大降低，运输的灵活性、速度和安全性大大提高，是工业品与消费品货物的主要国际运输方式。集装箱海运通常采取固定班轮的方式。三条主要贸易航线为跨太平洋航线、远东（欧洲）航线和跨大西洋航线。

通常集装箱海运出口业务流程包括订舱、确认、发放空箱拼箱货装运、整箱货装运、集装箱交接签证换取提单、装船运出等环节；集装箱海运进口业务流程包括卸船准备、付费换单、卸船拆箱、交付货物、空箱回运等环节。集装箱海运发展迅猛，各国、各地区，甚至同一国家（地区）的不同港区的货运流程与单证也会存在差异。国际集装箱海运进出口业务的具体流程如图8.1所示，该图以集装箱的货物流向为主进行梳理。

值得注意的是，实务操作中集装箱进出口货运业务程序不一定严

[1] 李家慧．大数据在航运经营管理领域的作用分析［J］．中国市场，2020（22）：108-109.

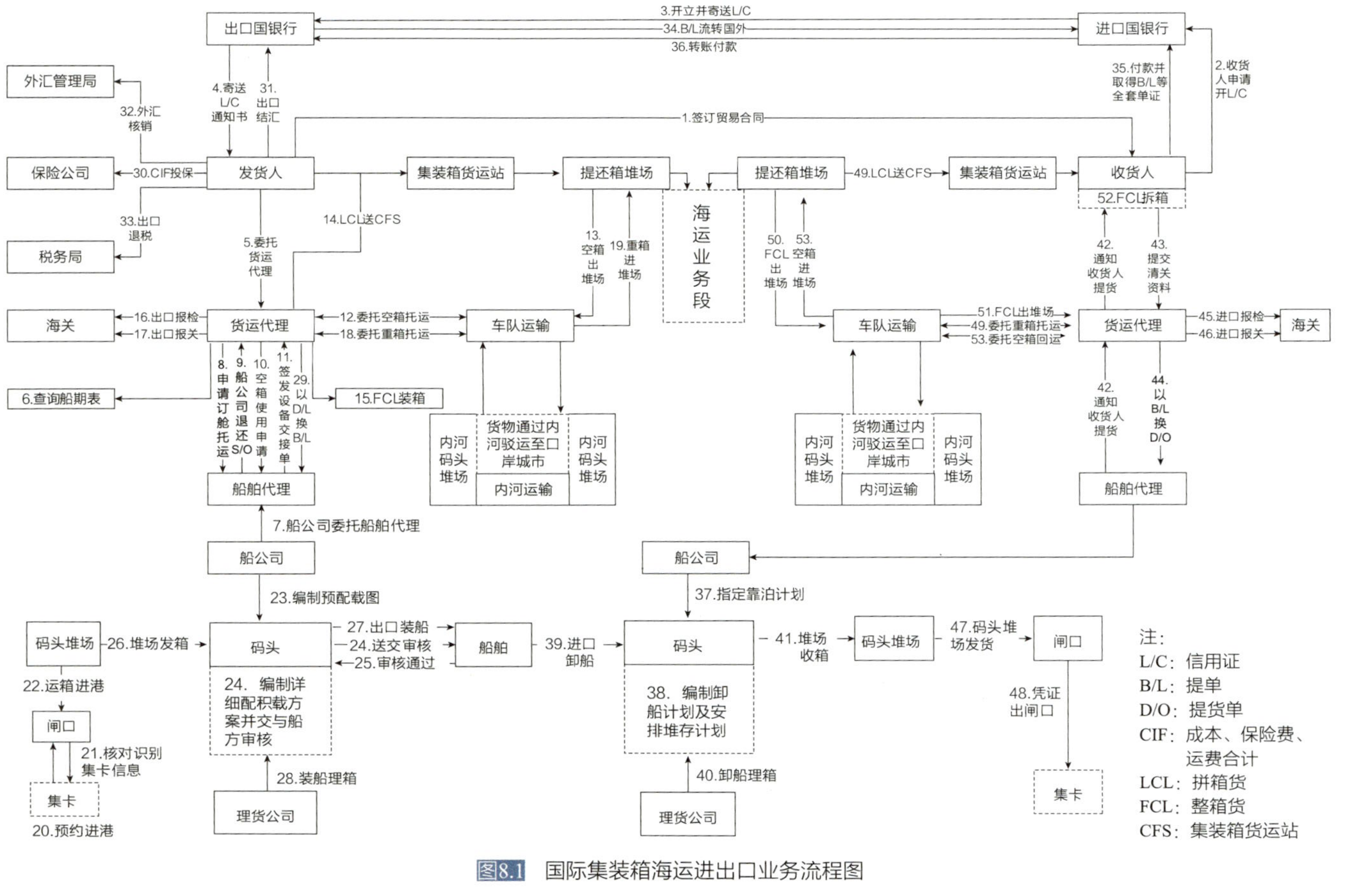

图8.1 国际集装箱海运进出口业务流程图

格按图8.1说明的顺序进行，有时可以交替进行。各国、各地区也可能有不同的习惯。

在集装箱海运中，从办理货物托运手续开始，到货物装箱、装船、卸船直至货物交付的整个过程，都需要编制各种单证。这些单证是集装箱运输过程中船方、港方、货方、监管部门等有关各方责任、权利、义务转移的凭证和证明，它与集装箱货物的交接、责任划分、保险、索赔等问题有着十分密切的关系。随着集装箱业务的发展，经过不断地修改和完善，目前已形成了一套完整的、行之有效的、适于国际海运使用的集装箱海运单证系统。

国际集装箱海运单证系统由出口海运单证、进口海运单证及向口岸各监管部门申报所用的单证三大类组成。其中，进出口海运单证主要有场站收据、装箱单、设备交接单、提单、订舱清单、预配清单、集装箱积配载图等；向海关、海事、边防等口岸监管部门申报所用的相关单证主要有报关单、报检单等。

在国际集装箱物流交换的过程中会产生大量的数据，对于这些数据我们将通过数据流图（见图8.2）展示数据的走向，通过数据交换内容表（见表8.1）对数据进行详细阐述。这些数据其根据信息化程度划分为三类：纸质，无纸化，电子。纸质指数据主要通过纸张进行传输；无纸化主要指数据以电子的方式如邮件等方法进行信息传输，但是没有实现系统级的电子存储、交换等；电子指目前实现全面电子化方式，系统级存储和数据交换。表8.1的统计仅针对目前大多数情况，因不同国家或地区流程不尽相同，故覆盖不了所有状况。

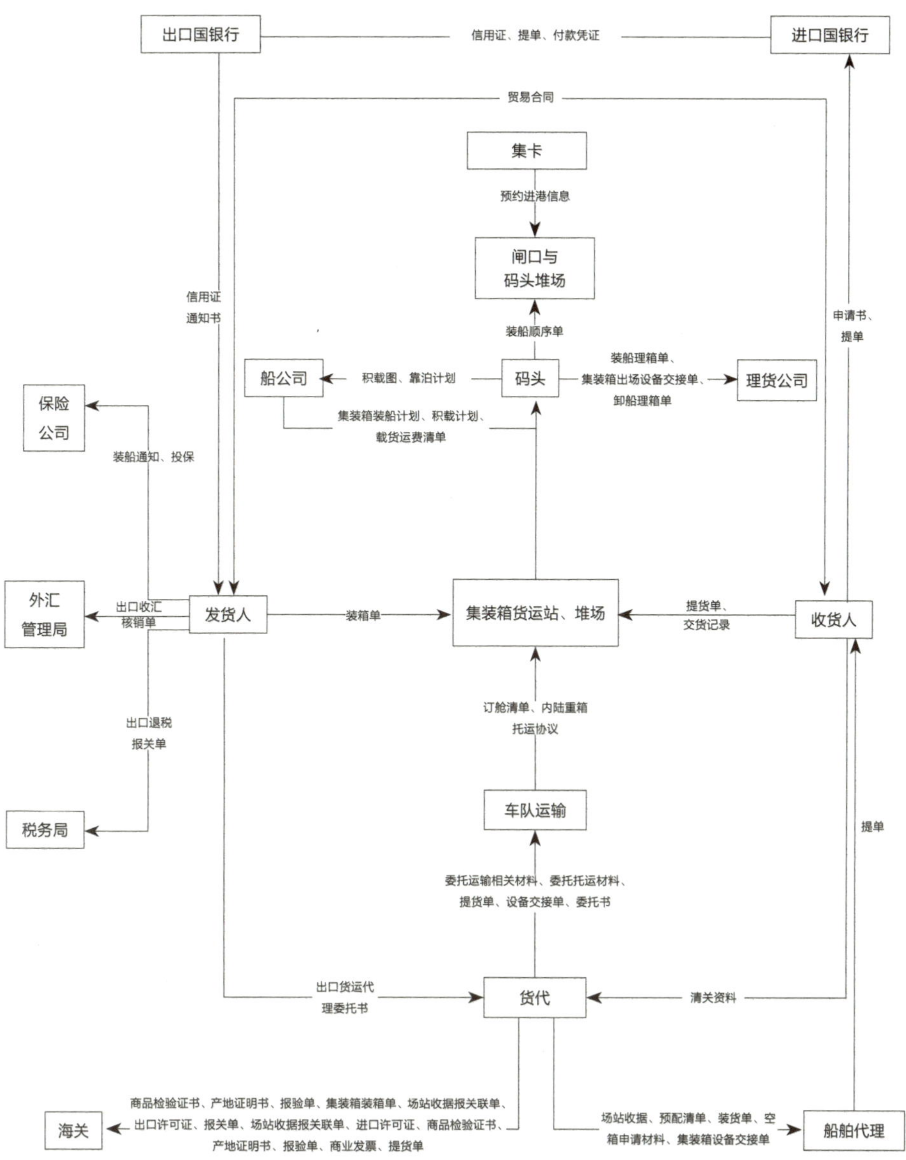

图8.2　国际集装箱海运数据流图

表 8.1 国际集装箱海运数据交换内容表

<table>
<tr><th>业务流程</th><th>数据名称</th><th>唯一编码（ID）</th><th>相关字段</th><th>用途</th><th>数据源</th><th>公开情况</th><th>信息化程度</th></tr>
<tr><td>签订贸易合同</td><td>贸易合同</td><td>合同编号</td><td>（1）主要条款：商品的品名、品质、数量、包装、价格、装运、保险、支付八个条款
（2）一般条款：商检、索赔、仲裁及不可抗力四个条款</td><td>确定双方贸易关系</td><td>贸易方</td><td>内部交换</td><td>纸质</td></tr>
<tr><td>申请开信用证</td><td>开证申请书</td><td rowspan="3">信用证编号</td><td rowspan="3">（1）信用证名称、形式、号码、开证日期、受益人、开证申请人、信用证金额、有效期限；
（2）汇票中的出票人、付款人、汇票期限、出票条款；
（3）货运单据中的商业发票、提单、其他单据；
（4）货物描述中的货名、数量、单价；
（5）运输条款中的装货港、卸货港或目的地、装运期限、可否分批装运、可否转运；
（6）保兑、保付条款；
（7）开证行对议付行的指示条款、议付金额背书条款、索汇方法、寄单方法</td><td>开证申请人对开证行的付款指示</td><td>进口方</td><td>内部交换</td><td>电子</td></tr>
<tr><td>寄送信用证</td><td>信用证</td><td>银行交易记录</td><td>进口地银行</td><td>内部交换</td><td>纸质</td></tr>
<tr><td>寄送信用证通知书</td><td>信用证通知书</td><td>通知发货人（出口商 / 卖方）信用证开立</td><td>出口地银行</td><td>内部交换</td><td>无纸化</td></tr>
</table>

（续表）

业务流程	数据名称	唯一编码（ID）	相关字段	用途	数据源	公开情况	信息化程度
委托货运代理	出口货运代理委托书	货运代理委托书编号	（1）委托单位名称、编号。 （2）托运货物内容：商品名称标记、号码、件数包装、式样、毛重（千克）、尺码（立方米）、价格条件、出口总价等。 （3）转运项：运输起讫地点可否转船、可否分批装运、装运期限、信用证有效期限（结汇到期日）以及配船要求等。 （4）提单记载事项：提单发货人、收货人、通知人、正本份数、运费预付或到付以及信用证规定的某些必要记载事项。 （5）货物交、运日期及交运方式、货物备妥日期。 （6）集装箱运输的有关事项：集装箱类别、集装箱数量、装箱或提箱要求。 （7）运费结算事项，如外币及人民币结算单位的开户银行、账号。 （8）其他特殊事项，如危险品、冷冻货的特殊说明	发货人和货代建立代理关系	发货人	内部交换	纸质

（续表）

业务流程	数据名称	唯一编码（ID）	相关字段	用途	数据源	公开情况	信息化程度
查询船期表	船期表	—	航线、船名、航次、港口预计到达时间、港口预计离开时间	了解船舶靠港信息	船公司	公开	电子
申请订舱托运	场站收据（托运单）	托运单号	（1）货物装卸港、交接地； （2）运输条款、运输方式、运输要求； （3）货物详细情况，如种类、唛头、性质、包装、标志等； （4）装船期，能否分批出运； （5）所需箱子、规格、种类、数量等	订舱	货代	内部交换	纸质
	预配清单	—	提单号、船名、航次、货名、件数、毛重、尺码、目的港、集装箱类型、尺寸和数量、装箱地点	核发设备交接单及空箱	货代	内部交换	纸质
确认承运货物/船公司退换装货单	装货单（S/O）	装货单号	（1）货物装卸港、交接地； （2）运输条款、运输方式、运输要求； （3）货物详细情况，如种类、唛头、性质、包装、标志等； （4）装船期，能否分批出运； （5）所需箱子、规格、种类、数量等； （6）船名、航次及编号	确定承运货物	船公司或者船代	内部交换	纸质

（续表）

业务流程	数据名称	唯一编码（ID）	相关字段	用途	数据源	公开情况	信息化程度
提出空箱申请	空箱申请材料	空箱申请单号	用箱人、运箱人、用箱区域、时间	申请空集装箱承运货物	货代	内部交换	纸质
签发集装箱发货单	集装箱设备交接单	设备交接单号	交接单号码、经办日期、经办人、用箱人、提箱点、船名、航次提单号、经营人、尺寸、类型、箱号、用箱点、收箱点、运箱工具、出场目的 / 状态、进场目的 / 状态、出场日期、进场日期	船公司同意空箱申请的凭证	船公司	内部交换	电子
委托公路运输空箱托运	委托运输相关材料	委托单号	委托方、货物类型、所需车辆数量、起始地、目的地	车队提箱	货代 / 货主	内部交换	纸质
空箱离开集装箱堆场交接	集装箱设备交接单	设备交接单号	用箱人、运箱人、用箱区域、时间	分清集装箱设备的交接责任，同时对集装箱进行追踪管理	箱管单位	内部交换	纸质

（续表）

业务流程	数据名称	唯一编码（ID）	相关字段	用途	数据源	公开情况	信息化程度
拼箱货送到集装箱货运站	装箱单	装箱单号	货物信息、集装箱信息、发货人、收货人	（1）作为发货人、集装箱货运站与集装箱码头堆场之间货物的交接单证。（2）作为向船方通知集装箱内所装货物的明细表。（3）单据上所记载的货物与集装箱的总重量是计算船舶吃水差、稳性的基本数据。（4）在卸货地点是办理集装箱保税运输的单据之一。（5）当发生货损时，是处理索赔事故的原始单据之一。（6）卸货港集装箱货运站安排拆箱、理货的单据之一	装箱人/单位（货代/船公司）	内部交换	纸质
整箱货装箱					发货人	内部交换	纸质
委托重箱托运	委托托运材料	委托单号	委托人、委托信息、提单信息	委托公路运输经营人进行重箱托运	货代/发货人	内部交换	无纸化

（续表）

业务流程	数据名称	唯一编码（ID）	相关字段	用途	数据源	公开情况	信息化程度
出口报检	商品检验证书、产地证明书、报验单、集装箱装箱单	—	商品检验信息、产地信息、装箱单	出口商品（主要是国家规定的货物）检验	发货人	与政府进行数据交换	电子
出口报关	场站收据报关联单、出口许可证、报关单	—	场站收据、出口许可、报关单、商业发票、装箱单	海关同意出口货物的凭证	发货人/货代	与政府进行数据交换	电子
重箱进堆场	订舱清单	订舱清单号	订舱人、订舱信息	装货物的集装箱进入堆场	船公司	内部交换	无纸化
集卡预约进港	预约信息	预约编号	预约时间段、车队信息	集装箱卡车提前预约进入港口	港口、卡车司机	内部交换	电子
核对识别集卡信息	预约信息	预约编号	预约时间段、车队信息	匹配进港集装箱卡车的信息	港口、卡车司机	内部交换	电子

（续表）

业务流程	数据名称	唯一编码（ID）	相关字段	用途	数据源	公开情况	信息化程度
运箱进港	—	—	—	集装箱进入港口	—		—
编制预配载图	预配载图	预配载图编号	配载信息	提供集装箱装船方案	船公司	内部交换	无纸化
编制详细配积载方案并交至船方	积载图	配积载图编号	积载信息	实际装船信息	码头	内部交换	无纸化
大副负责审核最终方案	积载图审核反馈	配积载图编号	积载信息	大副确认积载是否合理	大副	内部交换	无纸化
出口装船	集装箱装船计划或积载计划，载货运费清单，其他有关货运单	—	—	集装箱装至船上	—	内部交换	纸质

（续表）

业务流程	数据名称	唯一编码（ID）	相关字段	用途	数据源	公开情况	信息化程度
装船理箱	装船理箱单、集装箱出场设备交接单	—	—	对船舶进行理箱	船公司/码头	内部交换	纸质
场站收据（D/R）换提单（B/L）	场站收据、提单	提单号	货物信息、集装箱信息、发货人、收货人	换取提单	发货人	内部交换	纸质
成本加保险费和运费（CIF）投保	装船通知、投保	投保单号	投保信息	CIF 进行船舶货物投保	保险公司	内部交换	电子
外汇核销	出口收汇核销单	出口收汇核销单号	收汇信息、金额	进行外汇结转成人民币	外汇管理局	与政府进行数据交换	电子
出口退税	出口退税报关单	出口退税报关单号	退税申请信息	进行退税	税务部门	与政府进行数据交换	电子

（续表）

业务流程	数据名称	唯一编码（ID）	相关字段	用途	数据源	公开情况	信息化程度
B/L 流转	B/L	提单号	货物信息、集装箱信息、发货人、收货人	单证流转	进口地银行	内部交换	纸质
付款并取得 B/L 等全部单证	B/L			取得单证以用于后续提货	进口地银行	内部交换	纸质
转账付款	付款凭证	银行凭证号	金额、交易双方	转账至卖方	银行	内部交换	电子
制定靠泊计划	靠泊计划	—	靠泊时间、泊位、进出港时间	对船舶靠泊情况进行安排	船公司/港口	半公开	电子
编制卸船计划	卸船计划	—	卸船时间、堆存位置	对船舶卸集装箱进行安排	码头	内部交换	电子
卸船理箱	—	—	—	对集装箱进行理货操作	船公司/码头	内部交换	—
堆场收箱	—	—	—	堆场收入集装箱	堆场	内部交换	—
通知收货人提货	—	—	提货时间、方式	通知提货	货代	内部交换	—

（续表）

业务流程	数据名称	唯一编码（ID）	相关字段	用途	数据源	公开情况	信息化程度
B/L 换提货单（D/O）	B/L	提单号	货物信息、集装箱信息、发货人、收货人	用来换取提货单	船方	内部交换	纸质
进口报关	场站收据报关联单、进口许可证、报关单	报关单号	场站收据、进口许可、报关单	进口产品用来报关	货代	与政府进行数据交换	电子
进口报检	商品检验证书、产地证明书、报验单、集装箱装箱单、商业发票、提货单	报检号	商品信息、进出口双方信息	特殊需报检产品走报检流程	货代	与政府进行数据交换	电子

可以发现在集装箱物流体系下存在大量的数据交换，但主要集中在数据交换双方内部使用，除船期表属于公开信息（但也存在公开方式不一致等问题），其他都主要在内部形成交换，无法从公开渠道获取查询。报关报检信息是政府在航运物流的整体流程中获得数据的主要途径。

四、推动和培育数据要素市场发展，激发智慧物流发展新动能

加强数据要素市场基础设施建设。数据资源的市场化需要平衡和兼顾安全性、便利性、可行性、高效性之间的关系。建设完善公共数据平台体系，健全数据采集和管理的组织体系、运行体系和标准体系，实现公共数据资源的全量感知、统一采集、集中存储、集中管理、集中处理和分析，提升数据质量。加快建设“数据高铁”体系，减少数据交换环节，实现数据实时采集、跨网传输、流式加工。实施数据标准化战略，建立完善统一的数据标准规范，提升数据采集的标准化、通用性，避免数据中心重复建设与数据匹配失灵。运用区块链等新技术设计数据底层架构，保障数据真实性、安全性和可溯源性，实现各级平台分级维护、协同共享。建设完善公共数据基础信息库、主体库和业务专业库，完善公共数据目录，实现数据目录化、目录全局化、全局动态化。

推动政府数据开放共享。开放共享是数据要素最为基础的环节。

政府数据因其公共性、全面性、高价值性，被视为最需要数据共享开放的领域。政府内部的数据流通和开放，既包括了不同层级政府之间，也包括了政府内部各部门之间以及涉及的相关事业单位之间。但目前政府数据共享开放虽然在持续推进，但实际落地效果各地参差不一。具体而言，完善公共数据资源目录体系，编制优化各级行政职能部门公共数据资源目录，明确数据采集部门、共享属性、开放属性和更新频率，建立健全动态调整的数据共享责任清单。大力推进政务信息系统整合和数据汇聚，促进跨层级、跨地域、跨系统、跨部门、跨业务的数据共享，促进数据回流赋能基层治理。建立健全公共数据开放制度规范体系，制定出台公共数据开放的管理办法、工作细则、分级分类指南、安全脱敏技术规范等系列配套政策措施。完善公共数据开放目录，厘清开放需求，拓展开放范围，围绕交通出行、医疗健康、普惠金融、市场监管、社会保障等重点领域，优先推动与民生紧密相关、社会迫切需要和产业战略意义重大的公共数据开放。

探索建立数据市场化运营机制。推进数据要素改革，健全数据交易运营体系，加快培育数据交易业务，积极发展数据商品、算法、服务、衍生品交易等交易品种，试点开展面向场景的数据衍生产品（服务）交易，探索发展数据资产评估、大数据征信、大数据质押、大数据融资等配套业态。探索建立数据要素定价机制，推动数据要素配置依据市场规则、市场价格、市场竞争实现效益最大化和效率最优化。逐步构建数据要素价格公示、监测预警、价格调查制度，引导市场主体依法合理行使数据定价自主权，加强数据价格反垄断工作。加强数据要素交易监管，研究形成针对数据垄断、数据造假、数据泄露和数据滥用等不正当竞争行为的监管治理手段，健全投诉举报和查处机制，防止发生损害公共利益的行为。探索建立公共数据资源有偿服务机制，鼓励社会各方参与公共数据产品创新，最大限度盘活公共数据资源。

以智慧物流为典型应用场景，推动数据应用创新，激发行业发展新动能。借鉴德国工业数据空间（IDS）和日本互联工业开放架构（CIOF）经验，可从物流行业入手，培育行业性数据中介组织，为本行业数据流通搭建整套解决方案。可考虑从技术和产业实践入手，搭建行业数据流通空间，在不同的业务场景下构建企业间数据流通全流程的解决方案，促成企业间安全高效的数据流通。以数据中介组织为中心，推动可信安全数据交易。完善针对数据中介组织的监督架构，依托数字化治理平台建立数据中介组织的绩效机制、监管机制与声誉机制，促成包括中小企业在内的市场主体获得数据共享的红利，建立各方互联互信的数据共享基础设施。

第九章

物流能否成为智能技术创新策源地

一、物流行业为智能技术应用提供了丰富场景

随着全球化的迅速发展、电子商务的爆发式崛起，以及新冠肺炎疫情的影响，物流行业正进入充满变革的十年。以人工智能、区块链、物联网等为代表的智能技术领域的不断突破将进一步影响或塑造物流行业的未来。近年来，投资者将大量资金投入到颠覆性物流技术领域，推动物流行业智能技术的应用，累计投资金额超过300亿美元[1]。目前，全球大约有3 000家初创公司正在物流领域开发新的产品、服务和商业模式。

（一）人工智能技术

近年来，随着数据的积累和算法、算力的进步，人工智能技术取

[1] 看物流．2020物流行业吸金排行榜：塑造新物流的它们［EB/OL］.（2021-01-04）［2021-07-06］. https://www.sohu.com/a/442357091_608776.

得了长足的发展，并在各领域得以广泛应用。据麦肯锡报告，预计到2030年，人工智能将为全球经济贡献约13万亿美元，拉动GDP增长约16%[1]。在人工智能方面保持领导地位的概念已成为全球政治议程中的关键议题，超过40个国家和地区制定了人工智能发展战略[2]。

在物流领域，人工智能技术助力降本增效的作用正在不断凸显。麦肯锡预测，未来20年，人工智能在物流业的应用将创造约1.4万亿美元的价值[3]。据高盛预估，人工智能赋能带来的物流成本降低至少可达5%[4]。物流行业规模庞大但利润受限，因此5%的成本优化将可以显著提升物流组织在供应链中的效率和弹性。人工智能技术在物流领域的典型应用包括计算机视觉、流程优化、预测性物流等。

计算机视觉。自2012年深度学习实现重大突破以来，计算机视觉的应用得以不断发展。仓储物流的全流程包括打印订单、拣货、合并货筐、配货、扫描检验、扫描包裹、分拣、移动包裹、订单发货等。先进的物流扫描和自动化系统可以有效地观察、分析和识别图像或视

---

[1] McKinsey Global Institute. Notes from the AI frontier: Modeling the impact of AI on the world economy [EB/OL]. (2018-09-04) [2021-07-06]. https://www.mckinsey.com/featured-insights/artificial-intelligence/notes-from-the-AI-frontier-modeling-the-impact-of-ai-on-the-world-economy.

[2] 中国信息通信研究院. 全球人工智能战略与政策观察（2019）[R]. 北京，中国信息通信研究院，2019（8）.

[3] McKinsey Global Institute. Notes from the AI frontier: Modeling the impact of AI on the world economy [EB/OL]. (2018-09-04) [2021-07-06]. https://www.mckinsey.com/featured-insights/artificial-intelligence/notes-from-the-AI-frontier-modeling-the-impact-of-ai-on-the-world-economy.

[4] Goldman Sachs. AI，Machine Learning and Data Fuel the Future of Productivity [R]. New York. The Goldman Sachs Group, Inc.，2016（11）.

频中的内容，并根据内容进行操作，从而在极大程度上缓解各个过程对人工的依赖，自动完成对货物的到货检验、入库、出库、调拨、移库移位、库存盘点等。各个环节的数据进行自动化数据采集，优化仓库管理。这种技术的应用已经改变了货物的尺寸设计、标签编码、堆垛方式以及损坏检查方式等。此外，计算机视觉和深度强化学习的飞跃还推动了自动导航和机械臂挑选精度的进步。

流程优化。人工智能赋能的流程优化在推动全球贸易领域具有巨大潜力。全球货运代理涉及几十个中转环节，涉及的文件非常繁杂。在此过程中，物流工作人员必须弄清楚包含在从提单到报关单的数百万份格式不一的文件中的信息。字符识别程序读取印刷和手写文本的准确率超过99%，配合工作流程自动化软件，可以简化这些流程，将人力从简单、重复的任务中解放出来。

预测性物流。从容量规划和预测到网络优化，人工智能的预测能力正在帮助物流公司做出精确的决策，主动简化运营。例如，随着电子商务的爆发，物流“最后一千米”问题变得复杂多样，并成为供应链中最昂贵的环节。在向客户传达准确的到达时间和物流信息的同时，需要平衡交付时间、燃料消耗、旅行距离、交通模式、负载能力和临时提货需求等。这对物流公司来说是一项挑战，并使“最后一千米”变得困难和昂贵。随着人工智能变得更加智能，预测技术可以让物流公司在预期配送模型领域上更为进步。人工智能不再等待客户订购，它将超越当日送达，甚至在客户意识到自己需要什么之前就向他们供应商品。

尽管前景喜人，但人工智能技术在物流领域的应用仍面临着一些挑战。例如人工智能技术对资金、人才、算力都提出了更高的要求，普通企业难以承担；人工智能对人力的替代、可解释性等引发的伦理问题。

（二）大数据分析

物流业涉及众多复杂流程，并且业务中需处理客户订单、运输动向、设备位置和状况等信息。得益于数字化转型和物联网的广泛应用，物流业正在积累着前所未有的海量数据。根据敦豪快递报告，2018年物流业获取的数据是之前5年的50倍，现在甚至更多[1]。此外，企业数据存储从传统数据中心到云的快速迁移，为有效扩展数据收集、存储和处理能力提供了更大的灵活性。但目前这些海量数据大多未能得到系统、有效的利用。智能大数据分析技术的应用，将有助于挖掘数据内在价值，提高物流流程透明度、诊断物流企业运营问题、优化网络规划和预测未来场景。

提升流程透明度。随着全球范围内复杂性的不断增加，以最高效率运行全球供应链的能力变得更具挑战性。通过提高物流流程的透明度和可见性，如库存水平、资源利用等，工作人员可以做出更好的决策。通过发现实时数据中的异常模式，可以在仓库中为某些任务分配最佳数量的人员，将类似的订单分组到最有效的挑选路线中，并确定

[1] DHL. Logistics Trend Radar 5th Edition [EB/OL]. 2020（9）. https://www.dhl.com/cn-en/home/insights-and-innovation/insights/logistics-trend-radar.html.

一组仓库之间的最佳人员和设备数量。

模型仿真。通过数据仿真模型允许物流规划者测试各种条件的影响，降低了实际执行成本。从探索配送中心的整合到测试新的配送路线，模型可以计算不同场景下的成本和风险问题。通过构建包含数亿个实体和活动的复杂供应链模型，可以帮助企业形成预测模型，并为未来的战略和决策提供支撑。

图分析。图分析是一种新兴的技术类型的数据分析，主要用于关注数据集中对象之间的关系。早期应用在社交网络分析领域，例如脸书（Facebook）、领英（LinkedIn）和推特（Twitter）。图分析在物流行业的应用可以帮助解决其他数据结构难以分析的问题，例如通过最短路径方法来确定最长交货期；识别供应链中最薄弱的环节；发现海关流程中的欺诈行为；描绘行业参与者、客户之间的关系。美国一家公司将图分析用于零件、成品中的故障识别。通过分析零件或货物节点与故障节点的接近程度，对它们进行评分和排序。该方法可用于识别最突出的故障来源，以及分析下游问题可能性。在物流行业中，同样可以用图分析来增加供应链透明度，评估某个供应商、设施或组件出现故障时的影响，从而识别出供应链薄弱环节。

智能数据分析技术的应用挑战主要涉及数据隐私、数据安全和数据治理。此外，数据的质量和准确性也会影响技术应用效果。

（三）区块链

区块链技术是分布式的网络数据管理技术，利用密码学技术和分布式共识协议保证网络传输与访问安全，实现数据多方维护、交叉验证、全网一致、不易篡改。据中国信通院报告，截至2020年9月，全球共有区块链企业3 709家[1]。其中物流行业在区块链应用领域中排名第四位。物流领域多流融合的场景非常适合区块链技术发挥价值和效果。区块链技术有助于消除全球供应链的复杂性，促进各方信任，提高商业流程的可追溯性、透明度和自动化程度。据国际机器商业公司调研结果显示，14%的物流业高管正在运用和投资区块链；77%的物流业高管希望在未来1—3年内将区块链网络投入生产；70%的先行者预计区块链将有助于降低成本、缩短时间和缓解风险[2]。智能合约概念以及加密货币作为潜在可行支付方式的应用，也将为物流领域的新服务和商业模式创造机会。

可追溯性。传统的商品追溯系统是中心化的，存在数据真实性存疑、涉及利益的数据易被篡改等问题。区块链可用于跟踪产品的生命周期和从产地到货架的所有权转移。基于区块链的可信商品追溯服务平台，通过一个共享、验证、可复制的分布式账本来记录交易信息，使得商品来源更加透明、可靠。目前多个行业的巨头均在本领域采用区块链技术用于增强供应链的可追溯性和透明度。例如宝马、富士康、霍尼韦尔等。2019年，家乐福和雀巢通过国际机器商业公司的食品信托平台将区块链用于乳制品溯源。

智能合约。通过基于区块链的智能合约实现商业流程自动化，简

[1] 中国信息通信研究院. 区块链白皮书（2020）[R]. 中国信息通信研究院，2020（12）.

[2] 物流技术与应用. 区块链在物流行业的发展趋势和IBM的布局 [EB/OL].（2018-09-21）[2021-07-06]. https://www.sohu.com/a/255292235_649545.

化了服务和支付交易，同时减少了流程错误。当满足预先确定的标准时，智能合约允许程序自行执行，而不需要人工干预。基于区块链的智能合约目前正在扩展至支付和跨境海关文件以外的流程，包括货物追踪、托管代理审计和承包商信誉评分等。

供应链金融。当前物流行业中的小微企业面临着较为严重的融资难、融资贵等问题。主要原因包括，一是信任难以传递，核心企业信用智能传递至一级供应商，二级及以上供应商无法通过核心企业授信实现融资；二是贸易背景不可信，容易出现仓单、票据造假现象；三是“数据孤岛”难以打通，风控难度大；四是融资成本高，保理融资成本高达18%～24%。区块链特殊的隐私安全保护机制能够根除各环节信息共享障碍，进而重塑供应链信用体系。典型案例如腾讯云平台，构建了以仓单质押为核心的供应链金融解决方案。区块链电子仓单有效提升了仓单的信用效力，实现了仓单标准化，确保了仓单信息记录的真实性、完整性和及时性。

（四）数字孪生

数字孪生实现了数字世界和物理世界之间的高度匹配。数字孪生是在计算机里精确模拟实体（如某个工业产品）的当前状态，记录其历史发展过程，并对其未来进行预测的技术。数字孪生技术的诞生，预示着实体世界和虚拟世界可以作为一个整体进行管理。作为潜在或实际物理对象和过程的独特虚拟表示，数字孪生能够帮助有效设计、可视化、监控、管理和维护业务流程，发掘运营数据的内在价值。在物流和供应链领域，数字孪生技术可用于物流设施设备的远程管理和状态监控；对其未来状态的预测建模和仿真，以实现最佳运行等。

仓储数字孪生。通过将仓储设施的虚拟3D模型与库存和运营数据配对，包括每个项目的规模、数量、位置和需求特征，能够实现仓储设施的实时化、数字化运行。站点管理人员、客户和远程管理人员对操作有充分的可见性。新冠肺炎疫情期间，由于现场人员数量有限，迫切需要这种技术。在不久的将来，数字孪生将可以用于支撑新仓储设施的设计布局，模拟产品、人员和设备的移动，从而优化空间利率效果。

供应链数字孪生。比单一仓储设施的应用场景更进一步。货物的整个运输过程涉及多种要素的协调，包括船舶、卡车、飞机、订单和信息系统，尤其是人员。这种复杂的交互环境以各大货运机场和集装箱港口最为典型。在这些场景中，不完善的信息交换系统加剧了协调难度，部分流程容易出现错误和延误，影响到众多参与方。目前，部分港口正转向数字孪生技术，如鹿特丹港和新加坡港。空间模型和运营数据已经存在了几十年，数字孪生技术的出现为两者的结合提供了机会。通过构建可视化的虚拟环境，并基于机器学习进行仿真优化以预测未来，有助于指导港口进行实体基础设施的建设。

售后物流服务。通过将制造业产品的数字孪生与物流服务联系起来，可以发展智能售后物流服务。随着任何实体物理对象（如货物或车辆）的数字孪生，售后物流的积极和智能化响应将得以实现。例如，如果汽车损坏需要维修备件，企业能够从数字孪生体处得到实时信息，并将所需的零件和运送地反馈给售后物流服务商处，从而提高供应链的售后响应能力。

（五）量子计算

传统计算机通过二进制值（0或者1）来组织、处理和存储比特信息，而量子计算机使用量子比特或量子位来执行相同的功能。与比特不同，一个量子位可以与另一个量子位纠缠，传递信息。因此，量子计算机的计算速度比超级计算机快数百万倍，计算能力将得到前所未有的提升。2019年，国际机器商业公司推出了首款商用量子计算机。同年，谷歌发表论文称已打造出超越现存超级计算机性能的量子计算机。2020年，中国成功将“墨子号”卫星加密数据传输至世界首个移动量子地面站。同年，霍尼韦尔、国际机器商业公司推先后研发出了量子体积为64的量子位量子计算机。算力爆发使得实时处理物流领域的大规模智能计算以及复杂系统推理优化算法成为可能。通过快速模拟和迭代产品和服务模型，实现物流流程的优化。

流程优化。量子计算能够实现复杂物流系统实时动态的计算和处理，从而实现物流全流程的优化。2019年年底，在全球首个使用量子计算机进行交通优化的试点项目中，大众汽车与葡萄牙里斯本的公共交通供应商Carris合作，以接近实时的方式分别计算出了9辆公交车在26个站点上的最快路线。此外，量子计算还有望用于实时规划和分配全球物流物流资源（如包裹打包），并能处理由于意外关闭、延迟发货和取消订单而进行的无缝重新规划和重新分配。量子计算技术还能用于在分子水平上对复杂设计和材料进行快速建模和测试，将有助于制造商生产出更好的产品，从而激发物流行业的变化和突破。例如空中客车公司正在探索将量子计算技术用于测试和改进飞机设计，以最大限度地提高速度、效率和可持续性。更快、更便宜、更环保的飞机可能会降低跨地区运输服务的成本壁垒。

二、防范物流领域智能技术社会风险

智能技术在物流领域里的应用展现了广阔的前景，将为物流领域带来巨大变革。但是我们在享受智慧物流快速发展带来的社会经济效率提升的同时，也应时刻保持对智能技术相关风险的警惕。

（一）智能技术原生风险

以机器学习、知识图谱为代表的人工智能技术引领了第四科学范式——数据驱动范式。相比传统科学范式，数据驱动型范式虽然在解决众多复杂问题上取得了突破性成就，但是在当前阶段，该范式的技术应用依然面对不确定性强、可解释性差、可靠性难以评估、数据隐私难以保障等问题。

1. 数据安全与隐私保护问题

高质量数据已经成为人工智能时代的核心资源。为了提高数据效能，各方大力倡导数据资源的开放共享，数据的流通前所未有的便捷。同时敏感数据尤其是个人隐私数据的泄露和数据被滥用也成为当前数字时代的关键问题。网络空间的虚拟性，使得个人数据更易于收集与分享，极大地便利了身份信息编号、健康状态、信用记录、位置活动踪迹甚至交易过程等信息的存储、分析，但人们却很难追踪个人数据隐私的泄露途径。而且基于不当手段获取的个人信息造成隐私泄露，可以形成“数据画像”，对个人未来行为进行分析预测，或通过社交软件等冒充熟人进行诈骗，突破安防屏障、造成财产损失，甚至被用于犯罪。

2．数据产权与利益分配问题

智能技术驱动全社会加速进入数字时代，数据要素成为继人力、土地、技术、资本之后的第五大生产要素。伴随着平台经济的网络效应以及数据要素巨大的规模效应，对大数据的分析挖掘产生了强大的社会生产力。数据成为让其拥有者获得额外的权力的重要资本，而这种资本也将必然造就新的社会矛盾与价值剩余并造成新的所有权与价值分配矛盾——积累起来的数据“剥削”数据生产者。这种风险已可从“大数据杀熟”“信息茧房”等现象中见其端倪。

3．技术与设备安全问题

基于智能技术的应用系统面临着来自多方面的威胁，从目前的案例来看主要包括软件实现的漏洞、对抗机器学习的恶意样本生成、训练数据的污染、场景中的长尾效应等。这些威胁导致智能技术的系统应用很难获得高可靠性。一些相对异常的场景，一些别有用心的技术手段都将导致人工智能系统出现混乱，形成漏判或者误判，甚至导致系统崩溃或被劫持，引发出人意料的、难以解释的安全事故，并进一步引出相关算法偏见以及责任确定的问题。

（二）物流领域智能技术社会风险的独特性

物流系统作为供应链系统的重要组成部分，具有效率优先、分工明确等明显的工业系统特征。但是作为服务业的重要组成部分，其在智能技术应用上具有一定的独特性。一是物流系统尤其是其运输、配送子系统运行于社会场景之中，与社会系统具有较强的互动，因此物流系统发生的问题极易引起社会关注，引发公共事件。二是物流系统覆盖封闭、半开放以及完全开放的全场景，人员、物资的流动范围广、流动速度快，导致传统物流运输管理一方面由于技术限制难以进行有效的全程控制以及监管；另一方面许多物流参与人员就业灵活，劳动保护力度弱。

但是随着新一代信息技术的快速发展，传感器系统、通信系统越来越多地应用到物流系统当中，物流系统的可控性与可观性获得了极大提升。整个物流生产系统逐渐向典型工业化生产系统靠拢。此外，物流相关平台、软件的调度算法的开发人员不论从技术优化还是从绩效考核的角度均以效率最优为目标。技术的快速发展强化了资本在开放系统中的逐利能力以及对相关劳动的异化作用，物流员工尤其是运输配送行业员工的工作受到了更强的信息监控。这种物流形态的快速变化，导致多方市场出现偏离，相关监管出现一定程度的滞后，同时也不可避免地造成了一些悲剧后果。例如，在2021年发酵的亚马逊快递员被算法解聘的事件，暴露了数字时代物流全程工业化带来的重大社会问题。

（三）智能物流风险治理

智能技术推动物流系统自动化、智能化持续提升，但是在短时间内依然无法做到完全自动化，人机共事、共治将成为未来物流发展的主要形态。如何控制技术风险，避免技术趋恶，促进智能技术与人和谐共处，笔者认为主要可从以下三点开展。一是加强智能技术开发中的伦理反思与风险识别。坚持科技应用以人为中心，通过法律法规、文化宣传等手段强化平台企业的社会责任，提高算法、软件设计开发优化测试过程中社会人文因素权重；探索智能技术风险评估与准入机制。二是保持智能技术应用过程中的人文关怀。在企业相关机制设计中秉持以人为本，正视智能技术给相关劳动者带来的体力与精神压力以及相关失效风险。智能产品提供商应向产品使用者充分告知产品风险，做好产品使用培训，强调产品失效风险。建议相关部门对于新技术的应用加强监管与社会实验探索工作，适时出台智能技术应用指导意见与相关法律法规，保障人机协作中的劳动者权利以及数字红利的合理分配。三是加快智能技术开发，尽快实现物流基础操作自动化生产。人机协作存在劳动生产率不同、劳动力再生产效率不同的核心矛盾，尽快实现物流基础工作的全自动化是解决矛盾的最终方案。但同时也应注意劳动替代带来的就业问题。

第十章

智能技术如何促进多业融合发展

智能技术的应用大幅拓展了企业的生产与管理边界，提高了数据流通的速度与范围，企业间的互联互通变得前所未有的便捷。行业融合发展，系统优化社会资源配置，成为数字时代国民经济发展的主流趋势之一。

物流作为生产性服务业的典型代表，既是支撑国民经济发展的基础性、战略性、先导性产业，也是社会流通体系中耗时较长、过程较杂、数字程度较低的流通通道。如何利用智能技术加速物流与商流、资金流、信息流的高质量协同发展，推动我国现代化流通体系建设，实现生产要素的高效流通与配置，将是我国构建双循环格局的焦点问题。

一、物流业与制造业融合发展

制造业作为我国建设社会主义现代化强国的基石，既是国民经济的主体，也是物流业的核心服务对象。根据物流采购与联合会数据显示，我国工业品物流总额占全社会物流总额的比值从2010

年到2020年，已连续10年超过89%。物流业与制造业深度融合创新发展，共筑我国双循环供应链体系，既是破题我国物流大而不强的关键，也是实现制造业结构性调整，发展服务型制造的关键助力。我国高度重视物流业与制造业的高质量融合发展，自2014年以来先后发布多项两业融合指导意见与相关规划，两业融合发展趋势不断增强。但是由于物流业主体力量薄弱，设备、软件、数据等标准横向、纵向协同困难，既有利益格局错综复杂等原因导致目前两业融合还存在层次不够高、范围不够广、程度不深等问题。

因此，面对构建新发展格局的历史性挑战，亟须推动互联网、大数据、人工智能、云计算、区块链等现代信息技术与制造业、物流业深度融合，通过数据融合、服务对接、智慧赋能，加强两业融合基础，拓宽两业融合通道。

（一）以标准框架为重点加快数据融合

制造业如火如荼的工业互联网建设，物流业方兴未艾的网络货运、数字海运、多港联动建设，在两业中积累了大量的数据、算力和算法资源，为两业数据融通蓄积了巨大势能。但是由于数据标准不一，利益机制复杂、竞合关系不对等等原因，目前两业数据融合依然面临成本高、价值少、范围窄等问题。物流业因缺少数据支撑无法有效响应制造业生产变化，导致资源调配失灵，资源错配的现象屡见不鲜。例如在此次新冠肺炎疫情中，物流端与生产端的数据屏障已经成为国际供应链系统紊乱的主要因素之一。

那么，如何提升两业数据融合，提升供应链资源配置效率？可从以下三点入手。一是物流业积极融入工业互联网体系，构建两业融合基础体系。建设物流行业工业互联网标识解析节点，并以此为突破口，加速构建两业数字网络的统一标准。二是完善两业数据流通框架，降低数据流通信任成本。作为新型基础设施，加快打造两业融合数据流通框架。充分利用龙头企业平台效应与政府数字化改革红利，探索区块链、隐私计算等数据流通技术在降低多方信任成本上的核心作用，联合多方共同构建多中心数据流通体系。并以跨链技术为基础，提升跨领域、跨区域的多中心数据流通系统的融通整合能力。三是提升两业融通价值基础，打造具备显著经济效益的融通应用。积极挖掘物流业与制造业的数据融通的经济价值，打造具有显著经济价值的两业融合示范应用，降低数据融通认知成本，提升数据融通动能。具体可关注两个方向的应用。第一，供应链库存整合：通过全供应链数据的充分交换，实现运输货物仓储化，提高制造业库存与运输的柔性。第二，降低系统风险：数据充分流通既能够提高各方对系统的观测与控制水平，减少系统风险发生，提高物流服务质量，也有助于进一步降低金融业与制造业、物流业的信息不对称性，提高金融行业对全供应链的服务效率。

（二）以智慧仓储为节点拓展物流服务

仓储是物流业与制造业对接的关键节点，既是货物与数据汇集之处，也是物流业深入服务制造业、扩展服务应用的桥头堡。例如，基于大数据、云计算和现代管理技术等信息技术的“云仓”新模式，通过对制造业仓储的集约化协同管理，既提高了仓库利用效率，也缩短了物流流程；不仅降低物流业成本，也提高了制造业响应市场的速度。成为物流业充分发挥集约化资源融合与调度优势，剥离制造业价值链低端流程，扩大物流业服务范围的典型应用，并为物流业进一步与制造业融合，协同管理库存打下基础。此外，在自动化装备方面，目前也出现仓储内物流与园区物流、运输物流装备企业强强联合的商业实践。意图打通内、外物流设施设备标准，实现物理装备的无缝对接与流程协同。总的来看，物流业相对制造业具有资源集约、空间分布广等优势。物流业可抢抓装备升级机遇，通过网络化、智慧化管理进一步发挥第三方优势，规模效应整合多方供需资源，加快制造业剥离物流环节的进程，推动两业融合效率升级。

（三）以物流装备制造业服务化为基础推动智慧赋能

物流业的发展离不开物流装备的智慧升级。目前物流自动化设备已逐渐从固定场景走向半开放场景，并位于开放场景应用的前夜。仓储中常见的自动导引车、交叉带分拣机、工业摄像头等设备已经显著改变了工厂内物流、仓储物流的形态；无人驾驶技术已在全球进行广泛实验，并在相对封闭的场景如港口、矿区等实现了探索性地商业应用。同时，智能集装箱、智能托盘、集卡智慧监测等物流的智慧化感知系统正在进行点到面、粗到细的全程全面拓展。

智慧物流装备的快速发展与普及，不仅对于我国充分发挥制造业大国优势，构筑以物联网为基础的物流多方协同新模式具有重要意义，同时也能有效加强物流与制造业融合发展的物质与利益基础。例如在智慧运输装备方面，随着船舶、集卡等运输装备数字化步伐的加快，不仅有效激发了物流制造业后市场的活力，同时也使得各相关制造企业获得了以物联、网联、智联为基础切入物流平台建设的重要机遇。在智慧载具方面，随着托盘标准化的有效推进，以物联网技术为基础，物流企业与多家托盘制造企业通过深入合作，成功构建了基于托盘的物流管理平台，开展托盘集中管理、共享循环业务，不仅大大提高了物流载具资源在时空上的利用效率，同时还为平台深入制造企业的内物流管理提供了切口。总的来看，物流装备的智慧化，不仅提高了物流系统的可观性与可控性，为实现供应链系统全程资源协同打下基础，更为物流业与制造业以物联网为基础共筑物信融合的物流平台体系打下了坚实基础。

二、物流业与商贸业融合发展

以互联网、人工智能、大数据为代表的新一代信息技术持续重塑商贸生态，以电子商务为代表的新模式、新业态快速涌现。从网上零售平台到社区团购，商贸模式的变化不仅深刻改变了货物交易方式，更对物流业发展提出了新的需求。同时，平台型商贸企业逐渐将物流作为企业的核心竞争力，成为商贸物流业技术、模式革新的主导力量，并力图通过物流、商流的有机结合实现对商贸数据流的精准把控与价值挖掘。以数据驱动、技术赋能为主基调的商贸物流融合模式已初露峥嵘。

（一）消费领域物流与商贸融合迅速发展促进数字化红利

随着我国网络零售市场的蓬勃发展，2020年全国网上零售额达11.76万亿元，同比增长10.9%，接近社会消费品零售总额的25%；跨境电商进出口额突破1.6万亿元，同比增长31.1%[1]。全国快递量已从2009年的19亿件增长到2020年的830亿件[2]。我国快递物流从最初的“小散乱”已经发展成了物流技术应用最活跃的领域。面对网上零售非计划、难预测、集中度低的特性，以数据驱动的商贸业与物流业深度融合在实际应用中屡创佳绩，极大地赋能了物流业与商贸业的模式创新。

在国内电商方面，平台巨头已将物流作为自己的核心竞争力，并通过商贸、物流数据的一体化、智能化融合管理实现商贸与物流服务的共振升级。从物流业来看，小到“最后一千米”的优化、配送员的推荐，大到仓储、货物布局以及运输路线决策，都需要物流与商贸

[1] 中华人民共和国商务部．商务部电子商务司负责人谈2020年全年网络零售市场发展情况［EB/OL］.（2021-01-22）［2021-06-30］. http://www.mofcom.gov.cn/article/news/202101/20210103033238.shtml.

[2] 央视网．2020年全国快递业务量为833.6亿件 已连续7年居世界首位［EB/OL］.（2021-05-10）［2021-06-30］. http://news.cctv.com/2021/05/10/ARTITId1LwQfRYWv2aTtTuPz210510.shtml?spm=C94212.P4YnMod9m2uD.ENPMkWvfnaiV.2098.

数据的深度整合来实现持续优化。例如，近年电商大促期间，电商平台及物流企业基于多源数据的分析、预测，进行了提前布局调配，使得货物配送速度大幅提升，“下得了单，收不到货”的问题已成历史。从商贸业来看，通过商贸系统与物流系统的融合对接，实现了退货拦截、按时到货、中途改换等多样化的配送服务，不仅有效提高了消费者对商贸平台服务的满意度，更提高了平台商品全周期的流转效率。

在跨境电商方面，平台型商贸企业通过开创海外仓、保税仓等物流新模式为中小商家提供仓储与配送服务。这不仅极大提高了跨境物流的仓储及配送效率，降低了中小卖家的物流管理成本，更以此提升了平台对中小卖家的掌控能力。平台型商贸企业以物流服务为基础，掌握了中小卖家与消费者交易的全程货物数据。这些数据已成为跨境电商平台的核心资产，并形成了系列化的数据产品。

而最近如雨后春笋般出现的社区团购、生鲜平台等新零售业态进一步体现了物流业与商贸业融合创新在“新零售”领域所能迸发出的强劲生命力。社区团购与各类生鲜平台通过优化商贸数据与物流资源的链接关系，大大降低了商品无效配送与货损比例。以社区团购为例，在商贸端，实现消费群体采购数据的提前汇集，为仓储配置以及终端零售配送提供及时可靠的数据支持；在物流端，以商贸数据为驱动贯通多样化的仓配模式，并整合了大量的社会仓配资源，实现终端配送服务的柔性化。物流与商贸两者相辅相成，实现了网上零售时效与成本控制的统一。

另外，值得一提的是外卖行业中物流与商贸的融合。外卖行业由于物流链条短、配送即时性与质量要求高等原因，其商贸、物流一体化发展的融合特征尤为明显：骑手的调度与相关路线规划高度依赖消费者位置、商家位置、商家响应时间等要素的分析预测，而这些分析预测必须基于交易数据以及物流数据的有机融合。同时，外卖交易平台的服务质量高度依赖物流的配送时效。因此，我们可以看到，物流相关数据与算法成为外卖平台的核心焦点。相关企业不断地扩大数据，迭代优化算法，企图像控制工业流水线一样去控制终端配送效率。虽然总体来看，配送效率提升明显，但由于配送员与大众生活环境互动强烈，也将相关算法伦理问题带入了大众视野。

总的来看，随着线上消费、电子商务的持续发展，商贸数据的采集、汇总、利用变得前所未有的便捷，商贸平台型企业的力量也持续得到强化。以平台型商贸企业为主导，以商业数据为驱动，整合物流资源、引领物流发展方向的新态势已然形成。在物流业与商贸业融合过程中，由于商业形态变化迅速，定制化、个性化趋势明显，因此对消费领域物流企业的柔性响应能力提出了更高的要求。面对新的要求，消费领域物流企业可做如下应对。一是进一步完善企业内部模块化、精细化管理机制，通过提升数据决策能力来加强企业物流资源的响应与单元调配能力。二是加强对社会物流资源的平台赋能。尽快输出标准化的物流装备、物流软件、物流平台等相关物流产品，提高对分散物流资源整合能力，从而实现多样化的物流资源供给以及柔性化的资源响应与方案输出能力。三是补齐短板，拓展业务。针对“最后一千米”、乡村配送、冷链（医药、生鲜）物流、大件物流等尚待完善的物流领域推出高效解决方案，形成错位竞争优势。

（二）大宗商品的商贸与物流业融合创新尚待破题

虽然在网络零售市场中，物流业与商贸业在数字化、网络化、智能化的加持下融合发展迅速，产生了多样化的新业态、新模式。但是在大宗商品领域，商贸与物流的融合创新发展依然存在较大瓶颈。一是大宗商品物流形态多样、环节复杂。受到国际、国内资源分布影响，大宗商品物流的运输里程往往较长；同时，大宗商品往往具有易存储、备货周期长的特点，对运输时效要求不高。因此商贸企业在运输大宗商品时，其物流方案选择往往具有较大弹性。单次的大宗商品运输常常涉及海运、水运、铁路、公路等多种运输方式。而多种运输方式的多式联运目前正是物流领域的难点问题，多方合作模式虽然在一些领域有所突破，但总体依然处于探索阶段。二是大宗商品投入资金大，各环节巨头林立。大宗商品的生产企业、商贸企业、国际海运段以及铁路段物流运输均需要大量的资金投入与储备，市场壁垒相对较高并以大型企业为主。在巨头林立的格局下，各方利益难以充分协调，并且使得具有润滑作用的中间环节物流企业，受到多方利益撕扯而难以做大；同时也难以出现第三方来重塑市场格局，市场迭代缓慢。因而目前虽然各主要参与方均在加快推动市场的数字化进程，但由于多数企业均基于自身供应链优势来整合上下游资源，导致市场“山头林立”。总体贸易物流方式依然相对传统，融合创新动力不足。三是大宗商品多数以散货运输为主，且运输过程历经多个环节，除货物本身外，物流过程缺少贯穿全程的物流装备。导致相关装备的自动化与数字化往往限制在局部范围，物联成网的难度较大。

综上所述，由于大宗商品环节复杂、巨头林立、传统市场格局相对稳定、物联模式难以成立等原因，单方主导的统一的商贸物流融合平台难以形成。因此在融合发展上，可以适当借鉴海运领域的贸易透镜（Trade Lens）模式，由巨头发起多中心的供应链平台建设。充分利用区块链、隐私计算等技术降低各方信任成本，提高多方融合发展利益基础。同时建议积极推进企业数字化核心方案，培育大型第四方物流科技企业，从而加快建立大宗商品商贸物流互联互通的数字标准。此外，由于大宗商品往往具有较强的金融属性，大宗商品商贸与物流的有效融合还会带来巨大的金融价值并能有助于提高期货市场稳定性，避免极端场景如“负石油期货价格”的出现。因此以金融巨头为纽带，以新一代信息技术为手段，融合大宗商品商贸、物流的路径也有可能成为未来融合创新发展的主要方向。

三、物流业与金融业融合发展

物流业的发展以及智慧化转型离不开金融业的信用与资金支持。金融业则需要物流单证等供应链数据，从产业链、供应链的角度，更系统全面地获取各企业的实际生产销售情况，从而更好地控制信贷风险，助力破解中小企业融资难问题并从微观层面洞察当前经济发展形势。因此，物流与金融具有先天的互补条件与融合发展趋势，并且在智能技术的助力下已经产生了以供应链金融为代表的众多融合应用，有效提高了物流业与金融业的运行效率。

（一）智能技术赋能物流金融创新发展

物流过程不仅包含着实物的时空位移，还伴随着多类型的资金流动与物权变化。在资金流动方面主要可分为货主与承运人间、不同承运人间、物流企业或平台的纵向层级间等。在物权变化方面，涉及银行、保险等金融机构以及物流、发货人、收货人等角色间货物权属变更。因此不仅银行、保险等金融市场主体长期在物流过程中发挥着资金通道与货物担保等作用，许多物流企业也长期承担着代收代付、货物质押监管等金融功能。随着物流业数字化、网络化水平持续提升，智能技术通过赋能金融服务，在支撑物流各环节数字化整合、提高多方信任方面发挥了越来越大的作用。

第三方支付平台针对物流行业账期长、对账烦琐、资金归集不便、资金周转与资金安全等问题，依托大数据、云计算、人工智能等新一代信息技术，从支付端切入物流全程服务，提供在线下单、线上支付、运单跟踪、确认收货、运单管理、金融服务等功能，从而实现货物流、信息流、资金流三流合一。一方面有效推动了物流企业全程管理数字化，在降低企业资金管理成本的同时，为后续服务提供运营支撑；另一方面通过物流交易轨迹实现数据聚合，实现向物流装备厂商、保险、银行、加油站等物流相关领域的跨界赋能，提高市场信息透明度，降低各方市场交易成本。

保险企业从保险业务出发，充分利用物联网、大数据、人工智能等技术，构建事前预防、事中监控、事后评估的数字化的风险防控评价体系。在事前预防方面，保险公司通过已有保险数据、产品数据、物流企业数据以及相关行政监管单位的事故调查与处理数据，对物流企业、物流参与人员、物流运输货物以及船舶等重要物流运载设备等进行智慧画像，从而对不同风险等级的用户生成具有针对性的精细化的货物运输险、车辆船舶险、责任保险及意外险等保险解决方案。不仅提高了保险企业的利润水平，同时也促进了物流业的安全生产。在事中监控方面，保险公司利用智能感知技术，对物流全程进行实时监控，当投保对象出现高风险行为时进行实时提醒与记录。既减少了物流企业发生事故的风险，也降低了各相关方的事故评估难度，并让保险公司在评估过程中占据有利地位。

总体来看，物流业为金融服务提供了非常广阔的应用场景。物流业的数字化、网络化进程与金融服务的智能发展已形成良性互动格局。其中的创新融合应用不仅赋能物流业与金融业的高效运行，也为供应链金融的智慧发展提供了基础与动力。

（二）智能技术推动供应链金融加速破局

供应链金融是物流业、制造业、商贸业、金融业等多业融合的典型应用。其从供应链产业链整体出发，运用金融科技手段，基于真实交易场景，整合物流、资金流、商流、信息流，为供应链各方提供系统性的金融解决方案，快速响应企业的结算、融资、财务管理需求。

近年来，供应链金融在国家相关部委以及金融企业的大力支持与推动下，不论是在规模上还是质量规范上都取得了重要进展，成为我国解决中小微企业融资难问题、稳定产业链供应链、支持稳企业保就业和实体经济提质增效的重要抓手之一。据统计，2020年我国供应链金融市场规模已达15万亿元，并形成了应收账款融资、存货质押融资、预付账款融资三种主流业务模式。

但是供应链金融在实际落地过程中依然面临商流难判断、物流难监控、资金流难追溯、数据难联通等多种问题。具体来看，一是数据真实性核验困难。供应链金融基于核心企业业务进行授信，但是由于目前伪造贸易合同、物流单证、确权书等现象频发，使得金融企业需要花费大量人力、物力进行交易背景真实性的核对。二是数据敏感难共享。供应链金融的价值与信用传递基于交易场景的数据流通，一方面企业出于商业秘密角度不愿意共享，另一方面存在数据提供者与信用获取者错位的现象，导致供应链整体共同参与供应链金融服务的困难较大。三是多方系统联通成本较高。由于许多中小企业尚处于信息化发展初期，信息系统、数据标准以及相关人员配备不健全，导致供应链金融系统或平台在初期导入时成本较高。

面对上述困境，供应链金融平台企业纷纷应用云物大智等新一代信息技术，以期解决应用难题。虽然目前各项智能技术在场景化落地方面进度不一，许多技术尚处于探索与试验层面。但是从技术发展以及已有落地项目的情况来看，物联网、区块链、人工智能等技术将会成为未来供应链金融的发展的主要推动力量。一是通过智能感知等物联网技术从数据采集端确保数据的可靠性与实时性，加强数字世界与物理世界的连接强度。例如通过摄像头对保兑仓、融通仓、交易过程进行实时监控与分析，提高造假难度与成本。二是在数据流通方面，通过联盟链加强数据的可追溯性、可靠性，并通过去中心化的系统结构以及智能合约系统，提高信用的可传递性以及信用执行的可靠性，从而系统性地提高供应链金融的总体业务效率以及抗风险能力，例如在融资流程中，只要满足智能合约的约束条件就能即刻触发智能合约放款命令，减少了信息审核、身份核验等时间。三是在算法优化方面。综合应用大数据、人工智能等技术，通过多方数据交叉核验，提升数据可靠性也有助于建立风险评价、检测等模型，降低系统风险；通过供应链数据的深入挖掘，能够生产出多样化的数据产品，为保险、商贸、监管、经济预测等方面提供支撑。四是在数据治理层面应用安全多方计算、联邦学习等隐私计算技术，在保护数据隐私与安全的前提下，实现多方数据价值的共同挖掘，从而降低供应链金融各方的信任成本，提高参与意愿。

总的来看，金融业在获取产业数据上具有以追求风险控制为目标的充足动力以及以金融服务为基础的丰富手段。随着智能技术在金融业不断落地应用以及产业数字化的不断发展，金融业在推动产业链、供应链整合方面的优势将越来越明显，并将最终成为未来多业融合的主导力量。

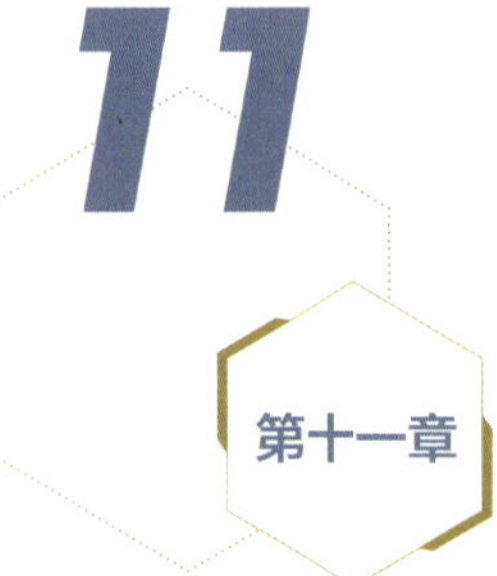

第十一章

智能技术如何赋能物流强国战略

随着通信技术、人工智能、物联网等智能技术的快速发展，物流业逐渐摆脱劳动密集型的“帽子”，从京东的全自动化仓库到马士基的贸易透镜，智能技术正以吃惊的优势抢夺人类的“饭碗”，竞争也逐渐由市场份额拓展至向标准、数据、算力等多个领域。在激烈的技术竞争下，“赢者通吃”可能成为未来物流行业的结局。为此，本章从标准、技术、服务三个方面介绍国际物流竞争态势，分析我国在国际物流竞争中的优势，并给出应对技术竞争的战略建议。

一、国际物流竞争态势

（一）物流标准竞争态势

现代物流体系越来越强调对物流过程的标准化和系统化管理，物流标准的国际化已成为全球普遍发展的趋势。物流标准对于物流行业的竞争具有重要意义，控制和争夺关键技术的国际标准是应对物流市场竞争的有力武器。以国际标准为基础制定本国标准，已经成为世界贸易组织对各成员国的要求，否则难以进入国际市场。一项标准被纳入国际标准，往往可以带来极大的经济利益，甚至能决定某个物流行业的兴衰。具有国际竞争力的企业积极参与国际标准化活动，将先进的物流技术转化为国际标准，可提升整个物流行业在国际上的竞争力，也是中国提升物流竞争力的必然要求。

国际上与物流密切相关的国际标准化体系有ISO、EAN、ACC等。细分来看，与航运相关的标准化体系为IMO与ISO。在ISO下设有各个技术委员会（TC），负责某一领域的标准制定，该委员会设有秘书处，通常秘书处设立在该行业具有领先地位的国家，在行业内话语权巨大。由表11.1可见，美国、英国、日本、中国、瑞典、德国等国家在物流标准化上展开了激烈的争夺，其中中国在船舶、吊机制造和外贸上具有优势。

表 11.1　ISO 下属物流相关的技术委员会

序号	名称	秘书国
TC8	船舶与海洋	中国
TC20	公路车辆	法国
TC51	单件货物搬运用托盘	英国
TC96	吊机	中国
TC122	包装	日本
TC104	货物集装箱	美国

（续表）

序号	名称	秘书国
TC204	智能交通系统	美国
TC211	地理信息系统	瑞典
TC241	道路交通安全管理系统	瑞典
TC269	铁路应用	德国
TC307	区块链和分布式账本	澳大利亚
TC313	包装器械	意大利
TC315	冷链物流	日本
TC321	电子商务交易保障	中国

数据来源：ISO官网

（二）物流技术竞争态势

在海运通信领域，目前广泛使用的船舶自动识别系统、全球海上遇险与安全系统（GMDSS）、船载航行数据记录仪（VDR）等的标准以及相关核心技术大多由发达国家主导。远洋AIS数据长期依赖于加拿大精确地球（exactEarth）和美国奥博康（Orbcom）公司，我国航海电子产品本土配套率只有10%左右。此外，发达国家在新一代电子海上导航服务系统（E-Navigation）的标准制定与工程实践上依然处于领导地位。托盘技术在发达国家已经相对成熟，顶尖的制造企业如布兰堡（Brambles）、好运物流（Goodpack）、路凯（LOSCAM）、集保（CHEP）等。相对而言，我国托盘技术发展相对缓慢，托盘应用率也不高，2019年我国人均拥有1片托盘，托盘运输率仅有15%，远低于发达国家水平。

（三）物流服务竞争态势

在海事仲裁上，英国依然位于全球海事的中心，2019年83%的国际海事纠纷业务都在伦敦进行。国外海运咨询机构如英国的劳合社（Lloyd's）、克拉克森（Clarksons）、德鲁里（Drewry）和丹麦的海洋情报（Sea-Intelligence）等借助数据优势主导了海运数据分析市场。各机构基于数据获取渠道与分析能力上的优势，从船舶、港口、航线等多方面占据了海运咨询分析市场的话语权。国内海运分析机构尚未形成自身的数据分析体系，相关数据往往需要向外购买。

二、中国在国际物流竞争中的优势

（一）中国物流市场具有规模优势

我国是国际海运最大需求方，是货物供需数据最大拥有与使用者。从2018年开始，我国连续三年位居世界货物贸易第一大国，占全球货物贸易总量11%以上，连续多年成为120多个国家和地区的最大贸易伙伴。2020年中国海运进出口量34.6亿吨，占全球海运贸易量的30%。2018年，中国集装箱装卸量为2.6亿标准箱，占全球总量的三分之一以上。2018年，我国社会物流总额为283万亿元，货运量为514.6亿吨。同期美国的社会物流总额为18.6万亿美元，货运量为186.2亿吨[1]，中国社会物流总额是美国的2.35倍，货运量是美国的2.7倍。从各类运输方式来看，中国同样高于其他国家。2018年，中国公路货运量为395.9亿吨，远高于美国的113.2亿吨，是欧盟公路货运量最高国德国的12倍，是英国的27倍[2]；中国铁路货运量为40.3亿吨，远高于美国的15.8亿吨，是德国的11.8倍，英国的57倍。其他运输方式呈现相同的对比态势。此外，中国是全球干散货和集装箱贸易的主导者。2018年，全球大宗干散货海运量为32.1亿吨，中国为14亿吨，占比43.5%。中国的铁矿石进口占全球进口的71%。煤炭进口在占全球进口的19%。中国的进口需求对干散货市场影响显著。中国集装箱贸易方面全球领先。中国港口吞吐量世界第一。全球前20大货物吞吐量的港口中，中国占14个。全球前十大集装箱港口中，中国占7个。2018年，全国港口货物吞吐量完成143.5亿吨，居世界第一。宁波舟山港和上海港分别位列全球货物和集装箱吞吐量榜首。总之，我国物流市场规模巨大，在体量上远超其他国家，具有十分突出的体量优势。

---

[1] 中国数据来自《中国现代物流发展报告2019》，美国数据来自*Transportation Statistics Annual Report*，可能存在统计口径的差异。

[2] 数据来源：https://ec.europa.eu/eurostat/databrowser/view/road_go_ta_tott/default/bar?lang=en（欧盟）

（二）物流基础设施支撑物流高质量发展

近年来，我国物流基础设施建设快速有序地推进，综合运输通道网络布局逐步完善，物流园区数量不断上升。2018年年底，中国公路总里程达到484.7万千米，位居世界第二，落后于美国的672万千米；2018年，全国铁路营业总里程13.2万千米，落后于美国的25万千米，同样位居世界第二；2019年年末，我国高速铁路营业里程超3.5万千米，占全球高铁里程三分之二以上。全国内河航道里程12.7万千米，居世界第一。物流基础设施的不断完善，为推动物流高质量发展提供了基础。

（三）中国物流在制造和运力方面具有显著体量优势

我国海运制造业规模领先，具备制造海运物联网数据感知与传输的基础。船舶制造方面，中国年造船产能达到6 000万载重吨，世界第一。2019年中国造船完工量为3 672万载重吨，占全球总完工量的37.2%，位居世界第一。港口机械方面，中国具有世界最大的港口机械制造商振华重工，2021年，振华重工的集装箱机械产品已覆盖全球103个国家和地区约300个码头，占有全球70%以上的市场份额。集装箱制造方面，中国是集装箱生产大国，全球市场占有率约为96.1%。同时，我国也是ISO船舶与海洋技术委员会、起重机技术委员会的秘书国。我国运力供给具备全球优势，具有开展全球海运资源调度的基础。截至2021年8月底，中国船东拥有的船舶数量共计10 603艘，合2.16亿载重吨，占全球船队总运力的比重达到15%。

三、战略建议

针对当前国际物流核心问题与主要挑战，结合我国数字经济与物流发展优势，可以以平台为起步，从物流、贸易、技术水平较为发达的区域入手，逐步协调全国物流数据资源的汇集融合。借助我国庞大的物流体量与数据优势，联合东盟区域全面经济伙伴关系协定（RCEP）各成员国，吸引信息在平台上进行价值挖掘与资源匹配，建成面向世界、辐射全国的物流大数据智能服务平台，推动我国物流业从数量型增长向质量型增长转变，增强我国在物流数字化标准体系、技术体系以及市场规则上的话语权。

（一）加快建设物流数据流通体系

物流数据流通体系是物流大数据智能服务平台的数据资源交换与共享的基础通道，建议以数字化改革为引领，从以下四个层次逐步推进流通体系建设。

建立政府物流主题数据库。将交通运输部、公安部、海关总署、国家发展和改革委员会等相关部门的数据资源进行整合分类，重点完成三项工作。一是在国家交通运输物流公共信息平台框架下，完成政府各部门数据归集共享。充分调研各市场主体需求，梳理更新各部门数据共享的需求清单和责任清单，厘清数据间关联关系，编制物流数据资源目录。明确数据的采集部门、共享属性、开放属性和更新频率。实现国家物流大数据的跨部门、跨层级、跨区域共享流动。二是制定物流主题数据库分级开放标准与安全保障机制。在普通数据全面开放的基础上，对行业确有需要的受限开放类数据，制定相应的数据开放规则以及数据系统软硬件标准。建议涉密数据在脱敏、加密后经统一接口与认证的可信数据系统进行共享交换。以此为基础，探索建立符合市场要求，涵盖数据资源全生命周期的安全保障体系；探索使用区块链、隐私计算等技术手段处理数据隐私、数据安全与数据价值利用的矛盾。三是提升物流主题数据库开放效能。以企业评价为主要指标，建立数据服务考评机制。配套建设物流数据搜索引擎，通过人工智能技术实现对不同类型企业的针对性推送，有效降低企业获取政府数据资源的成本。

推动多方主体参与建设物流数据共享平台。一是建立物流数据流通框架。以政府物流数据主题库开放为契机，联合重点物流企业以及现有物流数据交换系统（蚂蚁链、链原生数据协作平台BitXmesh、国家交通运输物流公共信息平台、航运大数据平台CargoEDI等），共同推出可信可靠、可扩展、高度兼容的多中心数据交换框架。通过市场不断迭代，逐步完善数据交换规则与数据系统安全认证标准。进一步加强区块链、隐私计算、电子印章等技术在数据流通领域的应用，探索数据链上记录、链下交换、协同挖掘的数据流通与价值利用模式。同时注重与已有多中心数据交换体系的技术兼容与标准匹配。二是建设物流数据挖掘系统。通过智能技术整合互联网公开数据并作为数据交换节点进入数据流通体系。重点研究通过智能语音、自然语言处理等智能技术，整合线上线下信息资源，获取各类调度平台、车货匹配平台等相关物流承运人的线路、报价、空闲运力等资源数据。见

图11.1。三是积极培育基于物流数据平台的数据服务组织和研究机构，形成具有国际影响力的物流数据服务与分析机构。最大限度盘活物流数据资源，挖掘数据内在价值。

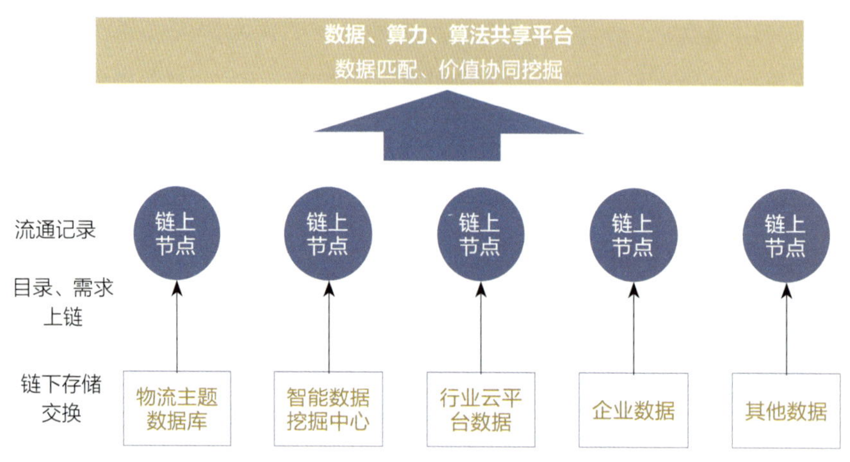

图11.1　一种多中心数据流通与价值挖掘框架

探索建立物流数据市场化运营机制。在物流数据共享体系发展成熟的基础上，建立面向全国的物流数据交易中心。重点完成四项工作。一是制定物流数据产权确权方案。研究应用数字水印技术和区块链技术的大数据确权方案，以达到版本保护、保密通信、文件真伪鉴别和产品标识等目的，从而保证确权的公平性、完整性和不可欺骗性。二是制定数据要素定价机制。构建数据价格公示、检测预警、价格调查制度。三是积极发展数据商品、算法、服务、衍生品交易等交易品种。构建物流数据资产评估、征信、质押、融资等配套高端航运服务业态。四是完善数据交易监管。针对数据垄断、数据造假、数据泄漏和数据滥用等不正当竞争行为健全投诉举报和查处机制。探索推进区块链技术在构建安全可信的物流数据交易模式中的应用，形成数据交易信用体系，对失信行为进行认定、惩戒。

（二）重点建设物流大数据智能计算体系

物流大数据智能计算体系旨在通过整合利用物联网、互联网、数据库等多源历史与实时数据，提高物流系统对物流链上资源的量、价、质的多维分析、预测与匹配能力。进而打破传统物流链多中心的资源匹配模式，动态实现货流需求、运输载体、仓储场站、人力资源、政府监管、金融服务等在时空与价值上的高效匹配与风险控制。

在智能计算体系建设过程中，针对物流创新链中的核心问题，重点研究以下三项系统共性技术。并以此为基础，开放共建物流共性技术底座，进一步提高物流系统的协同性与标准化。

数据流通领域关键技术。针对物流领域数据分散、模型动态、并发性强、决策时效要求高、运筹优化问题多等特点，加强区块链、隐私计算等数据流通关键技术的研发。在区块链领域以高性能、高可扩展、高可用、高安全为目标，重点研究跨链组网、共识算法、智能合约、动态准入等关键技术。在隐私计算领域，以实现分布式运筹优化计算为目标、重点研究联邦学习、多方安全计算等关键技术。为物流数据流通体系建设提供理论与技术支撑。通过技术引领、创新驱动，切实降低物流链数据流通的信任成本与物流大数据智能服务平台的数据获取成本。

物流复杂系统建模与推演预测技术。以物流大数据共享与交易体系为基础，通过知识图谱、深度强化学习、运筹优化等技术，深入研究物流链的运作与决策机制，构建物流链复杂巨系统的描述型、预测型模型，为物流链各模块的设计与规划提供理论基础与计算支撑。并与多式联运建设相结合，对模型进行持续的迭代优化。最终形成对物流系统的货物运输需求（托运人需求产生的时间、位置和质量要求等）与运输资源（运力位置、运力价格、运输时间、承运质量和承运意愿等）的综合推演与预测能力。

物流复杂系统资源协同调度技术。以基本物流模型为指导，对内外部物流资源的匹配、定价、调度等决策问题进行优化求解，形成完善的物流系统计算方法体系，在方法的迭代研究路线上，充分利用物流系统提供的连续化的应用场景。从相对封闭的港口、场站等物流枢纽的资源调度开始，逐步扩展到多式联运、江海协同、应急物流等开放特定场景，最终以区域全面经济伙伴关系协定成员国和“一带一路”国际物流的部分线路调度为试点，逐步实现对全球物流资源的协同调度优化。

综合以上技术，在物流数据流通体系之上构建计算平台，实现在保障各方数据安全与隐私的前提下，为各方物流主体提供可靠的全程物流资源的匹配与调度方案，协助各方达成运输线路、运输方式（公、铁、水）、物流资源等在时间、空间上的有效衔接与高效利用。

（三）持续推进物信融合四港联动体系建设

经济、高效的四港联动体系是物流大数据智能服务平台的物质基础以及实现价值应用的主要途径。

加快多式联运枢纽网络建设。探索物流园区、港口、场站的数字化、网络化、智能化转型方案。为智能服务平台提供物联网数据支撑与平台化应用场景。一是推进物流行业工业互联网标识解析二级节点，夯实物流节点数据联网、统筹运营以及与工业互联网融合对接的基础。二是以提高枢纽“中间一千米”的感知、分析、预测能力为目标，输出枢纽转型方案，重点提高枢纽对拼拆箱等承运责任交接点的智能感知与分析能力，从而降低物流各方确责难度、减少多式联运承运人运营风险，加强商流、物流、数据流、资金流在“中间一千米”的协同性，为多式联运的自动化智能合约模式打下基础。同时，进一步加强交通枢纽对交通状态以及关联运力准点率、停留时间等特征的评估、预测与协调能力，提高枢纽间在运输规划以及运力协同上的效率。三是以交通枢纽转型方案为基础，加快制定枢纽评定规则与相关行业标准。评定一批星级枢纽，试点推广一批物流智能化软硬件产品应用，以有力支撑物流大数据智能服务平台为目标，引导物流园区、场站、港口等交通枢纽的数字化、智能化转型路径与方向。

推进全程物流服务智能化。在全程物流服务中深化数据流通体系、智能计算体系在四港联动体系中的应用。一是加快标准体系建设。加快物流信息标识、信息交换和信息追溯的基础通用技术标准研究。面向物流包装单元、运输单元以及航运领域的物流信息技术应用等开展物流信息关键技术及应用标准研究与推广。二是在数据流通体系统一框架下，结合中国国际货运代理协会（CIFA）多式联运提单试点与推广，构建数字化、多中心“一单制”多式联运业务应用，实现物流数据流通体系的固化与常态化。三是探索物流数字孪生系统建设，加强数据价值反哺。结合智能计算体系，进一步挖掘数据系统价值，构建物流领域数字孪生应用，持续加强对物流实时数据融合分析的能力，对物流全程进行实时动态决策与修正，从而提升物流资源的使用效率与系统运行效率，全面提高物流运输全程的弹性、柔性与可靠性。例如通过融合交通数据、气象数据、定位导航数据等对运输过程进行全程的监控与风险预警，提升物流运输全程可靠性，降低全程物流确责难度。

探索联运体系国际化发展。一是加强国际物流网络的共建共享，以商贸合作为契机，以海外仓、海外物流枢纽建设与管理，数字化物流装备共享运营为突破口，重点开展与海上丝绸之路沿线国家和区域全面经济伙伴关系协定成员国的海关、港口、国际物流企业、商贸企业的业务合作，加强各方在运力资源、仓储资源、数据资源、技术标准上的共享互通，共建数字时代国际物流运行规程、国际规则标准等国际物流数字化体系。二是探索建立国际多方资源匹配与调度能力。

加速与制造、商贸、金融业等相关产业的融合发展。一是加强与制造业在流程、规范、标准上的融合衔接。在体系建设上积极参考、对接工业互联网相关建设经验与技术标准，重点将仓储服务打造成物流业与制造业深度融合枢纽，推进制造业内、外物流在标准、流程上的协同以及在信息资源、软件系统上的融通对接，加快研究运输、仓储一体化管理机制。二是提高物流装备制造业服务化水平，鼓励物流装备制造业与物流业经营者合作研究开展内外物流设施设备的租赁、共享、流通等新模式，提升物流业与制造业协同的物质与利益基础。三是加强物流业与商贸、金融等行业信息资源融通共享。在物流过程中提高物流、商流、数据流、资金流“四流”同步水平，提高物流服务质量。同时，多方面地挖掘物流行业数据融通带来的价值红利，在降低物流行业融资成本的同时，提高全社会的金融、贸易效率。

（四）激发物流大数据智能服务平台活力

助力供应链智能化升级。物流大数据智能服务平台通过构建底层技术与框架将有效赋能供应链整体的智能化升级。并在赋能过程中，有效汲取供应链数字化活力。一是赋能供应链核心企业与政府单位智能化转型，充分发挥国家体制优势以及供应链系统国企主导、政府占据数据枢纽的优势，积极推广平台的数据流通框架与计算体系，通过赋能政府与企业的数字化改革，建立供应链的主流数据与技术标准。二是提升物流软件业智能化转型质量。目前供应链上众多的软件服务企业是供应链智能化的重要推动力量。三是协同共建供应链智联网，积极推动物流大数据智能服务平台与工业互联网、商贸网对接，争取将平台逐步建设成物流网与工业网、商贸网融合对接的数据与计算枢纽，协助整体供应链的智能化建设。见图11.2。

建设国际物流创新平台。以智能服务平台建设中形成的算法、软件工具包以及数据为基础，建设物流智能服务开源开放创新平台，吸引第四方物流科技企业在现有体系上进行相关智能应用的开发（如交通枢纽规划、供应链管理、智能保单、智能海事仲裁、供应链金融服务等）以及多样化物流数据服务业务的开展，从而更好地挖掘数据潜力，完善物流智能服务体系。在创新平台的发展上，一是重视对生态

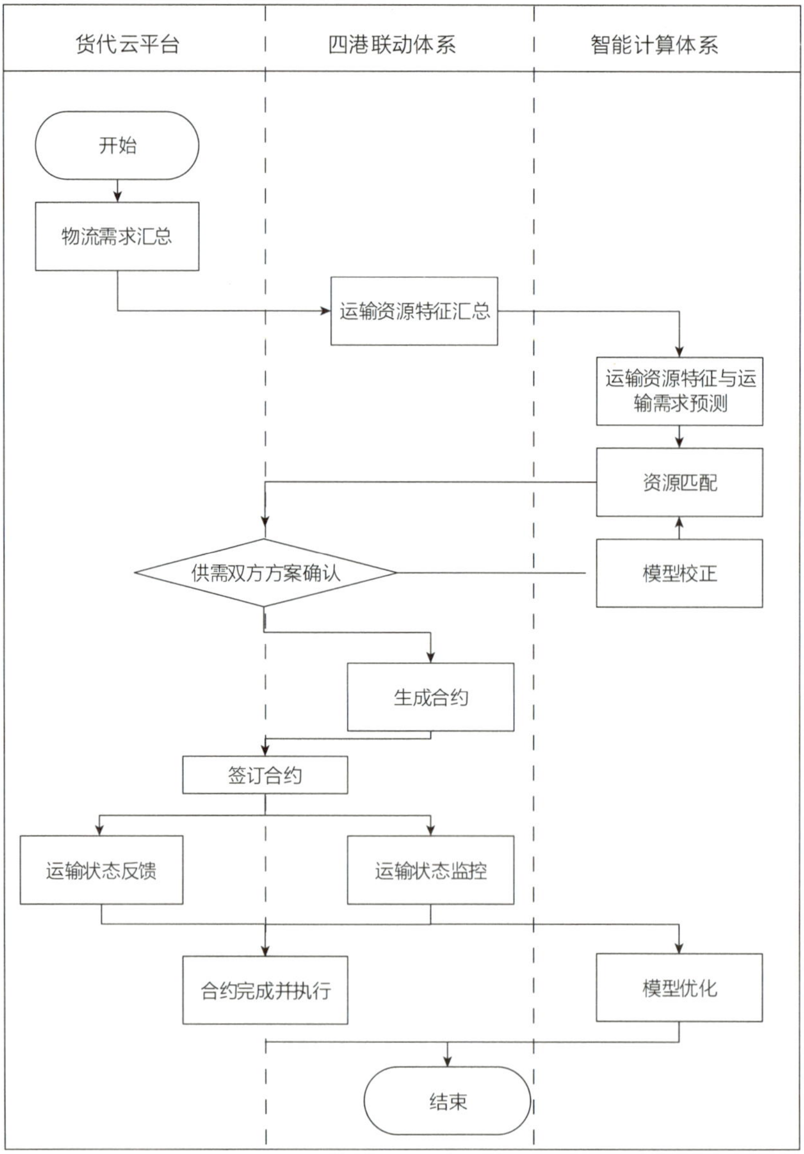

货代云平台
四港联动体系
智能计算体系
开始
物流需求汇总
运输资源特征汇总
运输资源特征与运输需求预测
资源匹配
模型校正
供需双方方案确认
生成合约
签订合约
运输状态反馈
运输状态监控
合约完成并执行
模型优化
结束

图11.2 物流大数据智能服务平台协同流程示意图

内企业战略方向的引导，以建设大数据智能服务平台为核心目标，通过体系数据和技术有序开放、定期开展主题大赛等方式，引导企业研发方向，发掘优秀企业并予以相关资源倾斜。二是建立平台产品的全流程管理机制，促进形成规范完善的物流服务技术体系。三是建立产品商业化转换机制。对成熟的开源技术进行商业化整合，形成从开源基金、开源平台、开源技术、商业化整合应用的完整开源生态。

（五）构建物流智能化转型支撑体系

成立物流智能化发展工作领导小组，统筹指导国家物流链智能化转型工作。加强国家发展和改革委员会、交通运输部、商务部、国家铁路局、海关总署等部门之间的相互协同，建立中央、省、市、县四级联动工作机制，明确职责分工，落实工作任务。

完善顶层设计。编制国家智能物流发展中长期规划、阶段性行动方案等，明确智能物流发展路线图、时间表，部署智能物流基础设施发展战略，出台智能物流信息基础设施布局规划，分阶段细化智能化基础设施发展方向、规划内容、具体措施。

以“政府搭台，企业唱戏”的形式鼓励各方参与平台建设。一是出台一批智能物流“三新”扶持政策，围绕新载体、新技术、新模式等制定相关政策，包括龙头企业培育、物流优质资源集聚、技术应用转化、模式示范推广等政策，针对物流数据流通体系建设，出台配套的数据开放共享法规、数据安全和隐私保护法规等。统筹制定省、市、县交通运输规则标准，清除阻碍省内货物流通的规则障碍。二是发挥政企学研协同优势，率先在物流领域探索政府、企业数据分级互通共享机制。设立物流大数据智能服务平台重大研发项目，攻克平台关键技术，提高数据共享经济价值，全力打造全球物流大数据与智能计算双高地。三是激活平台市场价值。通过技术赋能、资格准入、税收减免、成果共享等措施，重点引导货代软件平台、第四方物流科技企业加入平台建设，促进物流业务以平台为基础进行数据流转，并逐步扩大平台应用，完善平台商业化运营模式。四是以平台为基础逐步完善全行业信用体系以及标准体系，实现对物流行业的有效治理。

建立智能物流梯度人才培育支撑体系。一是联合教育部门出台智能物流人才培养方案，创新物流复合型人才培养模式，提升人才培养速度和培养质量，从院校和企业两个层面，分别研究并提出针对在校生和在职人员的航运复合型人才培养模式。制定物流复合型人才培养目标和实施方案，明确企业、院校、行业及政府的各项工作，为物流软实力建设和可持续发展提供可操作的物流复合型人才培养实施方案，并将高端物流复合人才纳入已有高层次人才保障体系。二是整合产学研优质教育资源。研究提出物流复合型人才教育培养体系建设方案，包括物流复合型人才培养基地、人才培养专家库、在线教育课件资源库建设等，通过该教育培养体系建设，形成常态化组织管理能力和联动机制，重点解决资源整合、资源建设、校企联合和企业急需人才培养问题。鼓励物流人才以双聘、挂职等形式在企业与科研机构间流动，以点带面，培养一批高层次、复合型物流人才。三是提出聚才政策建议与保障措施。提出引导物流复合型人才培养及加快发展的扶持政策、激励政策、人才优惠政策与保障措施，营造高层次物流人才集聚的政策环境和文化氛围，充分调动企业、院校、行业等各个方面的积极性，形成物流复合型人才“早成才，多成才，成好才”的局面。

第三篇 结语

物流系统是畅通双循环体系、优化分配结构、减小城乡差距、实现共同富裕的重要基础设施。但是传统的物流系统尤其是公路运输系统，由于其劳动力与生产资料在复杂开放系统中的相对分散，一直无法实现大规模工业化的生产模式，运行效率低下。随着数字时代的到来，人工智能、物联网、5G通信等新一代信息技术使得数据的采集、流通、处理能力持续增强，物流系统的可观性与可控性显著提高，以数字化、泛连接为典型特征的物流系统大规模工业化生产时代已经到来。物流系统在新一代信息技术的赋能下，以数据要素为核心驱动，不仅快速提高了系统运行效率，加强了与制造业、商业、金融的协同效应，也使得相关企业的规模优势得以充分发挥——物流各领域的集中度持续攀升，大型企业的全程化、平台化趋势明显。但是与其他新技术浪潮一样，技术与行业的深度融合必然带来新的劳动与经济问题。全社会在享受物品流通效率提升的同时，也应积极关注该进程对行业劳动者的负面影响，充分利用智能技术打造多元共治环境，加强对相关从业人员的劳动保障。

同时，从信息技术应用的角度来看，物流系统是联系封闭工厂生产系统与开放社会生产系统的关键枢纽，涵盖了从封闭环境（如厂内物流、仓储物流等）到有限环境（园区物流、港口物流等）到复杂开放环境（如运输系统、配送系统）的各类生产场景。场景之间关联度高、连续性好，是信息技术尤其是智能系统发展应用的理想领域之一。

因此，信息技术与物流系统的深度融合既是实现国民经济高质量发展的必然要求，也是推动信息技术加速智能化的关键驱动。物流的竞争既是智能技术的竞争也是国家综合实力的比拼。我国必须紧抓机遇，大力发展智能物流技术，抢占物流标准话语权，并以此为基础，结合人民币国际化与数字贸易发展，积极构建国际数字经济新生态与智能技术新体系，才能在百年未有之大变局中立于不败之地。